現場から社会を動かす

政策入門

どのように政策はつくられるのか、
どうすれば変わるのか

西川貴清
Takakiyo Nishikawa

英治出版

現場から社会を動かす
政策入門
目次

第2章
商品との比較から考える政策の本質　47

第3章
意外と知らない七つの政策ツール　55

現場から社会を動かす
政策入門

＊編集部注
本文中の所属や肩書、組織の名称は、原則として事例当時のものとした。

はじめに

近年、政策づくりに大きな変化の波がきています。その象徴的な事例をご紹介します。

皆さんはフェムテックという言葉をご存じでしょうか。テクノロジーで女性の健康課題を解決することを指す言葉です。そのフェムテック製品の一つとして、いわゆる生理用ショーツがあります。装用感の良さや繰り返し使えるというメリットがあり、これまで生理処理用品といえばナプキンやタンポンでしたが、女性が日々快適に過ごすための選択肢を増やしてほしい、というニーズにこたえたものです。しかし、この生理用ショーツを広く利用してもらう上で政策上の課題がありました。

実は既存のナプキンは「医薬部外品」という位置づけで、「薬機法」という法律に基づいた効能・効果の表示が義務付けられています。仮にこの法律がない場合、販売側が効果を偽って示すことが可能になり、買う人は、どの商品に効果があるのかを判断しにくくなってしまいます。つまり、この規制によって、消費者はナプキンの効果を確認することができ、安心して商品を購入することができているのです。

一方、生理用ショーツはナプキンと違い、近年利用が拡大してきた製品のため法律上の位置づけが不明確でした。具体的にいうと、医薬部外品であるナプキンは経血を吸収する製品であると示すことができますが、類似の機能をもっていても医薬部外品ではない生理用ショーツはそれができないということです。そして、これまで医薬部外品として承認を受けた生理用ショーツがなく、どのような試験データをとれば、医薬部外品として製品の品質や安全性を証明できるのか、対外的に製品の効能・効果をどの程度示していいかが、企業にとって不明確だったのです。

生理用ショーツは女性の健康課題の解決を後押しするものです。にもかかわらず、消費者にすれば、この製品によってどのような効果が得られるのかが分からない、また、企業にとっても、自分たちが作った製品がどのように女性の生活の質を改善するのかを伝えられないという、双方にとって望ましくない状態が生じていたのです。

このような問題を重く捉えた厚生労働省と業界団体と民間の事業者が議論した結果、厚生労働省は、二〇二一年に一つの「事務連絡」を出すことになります。これは、生理用ショーツについて、医薬部外品として承認をとる際の留意点や、販売する際に企業が行うべきではない宣伝内容を業界団体が分かりやすく整理したうえで、厚生労働省がそれを広く周知したものです[1]。事務連絡とは、法律などのルールの運用を分かりやすく示したり、自治体など制度の実施を担う機関に対して参考情報を提供したりするもので、現場に大きな影響を与えます。
この事務連絡があることで、企業も承認申請に何が必要かを把握でき、また、広告する際に注意すべき文言を知ることができました。この一連の行政の動きは、生理用ショーツを取り巻く課題の解決に向けた第一歩となりました。

この政策変更の特徴は、新しい価値観・テクノロジーなどの状況を踏まえて、政策を変える必要性を感じた民間当事者と、政策づくりのノウハウを持つ政治家や官僚が力を合わせて、政策をアップデートした点にあります。

この事例の裏では、社会のニーズを敏感にとらえた企業や個人が、政策を変えようと懸命に活動しました。さらに、課題解決の重要性を理解し、政策の優先順位を上げるために声を上げた政治家や、既存制度との整合性を考えつつ、ありうる政策の方向性を考えた官僚もいました。政官民の「社会を良くしたい」という思いが合わさって成立したのがこの事例なのです。ほかにも二〇二二年に行われた電動キックボードに関係する道路交通法の改正の裏にも、民間事業者による積極的なはたらきかけがありました。

これまでにはなかったようなイノベーションがどんどん生まれています。社会構造も大きく変わりました。少子高齢化、核家族化に加え、地縁・社縁の希薄化なども起きています。そのような変化に対して、「より良い社会をつくるために政策を変えていこう」と考える人が増え、実際に政策を変えています。広く報道されていないものも多くあります。皆さんが想像する以上に、民間の当事者の発意から政策は変わっているのです。

皆さんも日常生活を送っている中で、また、仕事をする中で、「こういう政策があればいいのに」「今の法律がこう変わればいいのに」と考えたことが、一度ぐらいはあるのではないでしょうか。

しかし、そのように考えたとしても、実際に国や自治体の政策に働きかけようと行動を起こした人はほとんどいないでしょう。

「そもそも今どんな政策があるのか」
「役所のどの部署に相談すればいいのか」
「議員と役所の職員のどちらに相談すればいいのか」
「いつ相談しに行けばいいのか」
「どんな提案内容なら理解してもらえるのか」

こんな疑問が次から次に浮かんできて、たちすくんでしまう人がたくさんいるのだと想像します。

私がこの本を書いたのは、政策をつくるプロセスやその背後にある人・組織について詳しく解説することで、社会を良くしていきたいと思う人々の手助けができると思ったからです。

現場に眠る「政策のタネ」を形にする

私は厚生労働省で一〇年近く働いた後、現在では、企業や非営利組織など民間のアクターが持っている社会課題解決のアイデアを政策にしていく仕事をしています。官僚をやめて、このような活動を始めるきっかけとなったのは、「現場に眠る政策のタネを形にできれば、世の中はもっと良くなるのではないか」と感じたためでした。

「少子高齢化を乗り切るための政策をつくりたい」との思いから、厚生労働省では、医療政策から労働政策まで幅広く関わり、法律案の作成やステークホルダーの説得、政府会議の運営、国会での法案審議の準備などに奔走してきました。

いくつかの法律によって、社会は大きく変わりました。そのような法律を社会に送り出す一員となれたことに、誇りも感じています。

一方で、その内容に現場の課題感を盛り込むべく力を尽くせていたのか、というと不十分だったかもしれないという気持ちもありました。忙しさにかまけて政策のタネを自ら探しに行くことを怠っていたからです。

最近では多くの人たちが知るところになっていますが、多くの官僚と同じように私も忙しい日々を送っていました。それを言い訳に、役所の外に出て、現場の課題を知ったり、意見交換したりする時間を持たなかったのです。

社会課題は役所の外にこそあるはずなのに、これでは現場感のある良い政策をつくれるはずがありません。

良い政策を考えられなくては官僚を仕事に選んだ意味がない。そう思った私は、少し落ち着いた部署に移動したタイミングで、役所の外に出ていくことにしました。平日の夜や休日を使って、ＮＰＯなどで活動する方に話を聞いたり、大学院の博士課程に通い始めたりしたのです。

その過程で、悩みを抱える人たちの力になろうと現場で地道に活動する人、イベントやPRを行って社会課題を多くの人に知ってもらおうとする人、エビデンスに基づいて社会を変えようと日々研究に励む人など、様々な立場の方々とコミュニケーションをとり、大いに刺激を受けました。

現場の思いが政策に届けば、社会はもっと良くなる

そして、二つのことに気が付きました。一つは「役所の外にも、良い政策のアイデアを持っている人はたくさんいる」ということです。研究者もＮＰＯなどの実践者もそれぞれ、社会を良く

するために何をすればいいかを考えていました。

官僚になってからというもの、心のどこかで「官僚が政策を考えなければならない」と思っていました。ところが、「日本を良くしたい」と思っている人は、役所の外にもいっぱいいたのです。何も官僚が政策を一から一〇まで考える必要はなく、良いアイデアを持っている人がいれば、協力すればよいのです。

価値観の変化やイノベーションにより、政策が実態に合わなくなっていることを一番に感じるのは、やはり現場にいる人たちです。現場で働く・生活する人たちが感じた「なぜ」を、その人たち自ら政策に昇華させるアクションをとることで、社会をより早く、より良くしていける、そう感じました。


もう一つは、「政策づくりのノウハウが広く知られていない」ということです。政策手段の適切な組み合わせ、政策が変わりやすいタイミング、官僚や政治家の役割の違い、政策を変えるためのロジックなど、政策をつくるために必須の知識や考え方がほとんど共有されていなかったのです。

良い政策のタネを持つ人々がたくさんいる一方で、政策づくりのノウハウが広まっていないのであれば、官民でミスコミュニケーションが生じ、課題解決が迅速に行われなくなってしまいます。これは日本にとって損失です。

このような官民のミスコミュニケーションをなくし、政策をより早く、より良いものに変えるために何かしたい。そう考え、厚労省退職後に、月に三本コツコツと書き溜めたウェブ記事をベースに、政策提案について体系的にまとめたのが本書です。私が官僚として働き、そして様々な団体の政策づくりをお手伝いする中で、知っておくと有益だと感じたことを詰め込みました。

この本は、政策提案を考えているＮＰＯや民間企業の職員、市民などをメインの読者にしています。本書を通じて現場の声を政策に反映させるための勘所を伝えられればと思います。また、公務員の方やメディア関係者にも読んでいただき、官民の相互理解のきっかけになれば幸いです。

さらに、政策提案までは考えていないが、私たちの生活に大きな影響を与える政策について知りたいという方のニーズにこたえる内容にもなっています。この本をきっかけとして、政策がより身近なものになることを願っています。

以下、簡単に本の構成を紹介します。

まず、序章では、政策づくりに関わる上で、とても大事な心構えについて説明しています。第一章以降を読み進める上での前提になる内容です。

第一章では、現在の政策づくりのプロセスと政策を取り巻く環境の変化を説明します。官僚や政治家だけでなく、様々な立場の人たちが政策に関わる必要性が高まっており、また、それが可能な状況になっていることを伝えます。

第二章では民間団体と政府の価値観の違いについて説明します。それが分かれば、政治家や官僚とのコミュニケーションがぐっととりやすくなるはずです。その違いは「政策」と「商品」の性質の違いから学ぶことができます。

第三章では、七つの政策ツールを紹介します。社会課題の性質や状況ごとに適した政策ツールがあるのです。あなたが解決したい課題にぴったりな政策ツールの組み合わせを見つけてください。

第四章では、政策の実現可能性を上げる六つの変数を説明します。こうすれば絶対に政策が変わると言い切れるものはないですが、変数が重なるほど政策実現が近づきます。

第五章では官僚と政治家の違いを説明します。両者とも政策づくりに大きな影響を与えますが、その考え方や立場には大きな違いがあります。その違いを理解することで、信頼関係も築きやすくなります。

第六章では与党と野党の違いについて学びます。与党の政治家も野党の政治家も政策の行く末に大きな影響力を持っていますが、彼らが影響力を行使する方法やそのタイミングは異なります。政策の進み具合に応じて、適切な政治家に相談することがとても重要です。

第七章では、省庁の違いについて解説します。現場のアイデアを政府に共有しようとしても、アプローチすべき省庁が分からないと、いたずらに時間を浪費してしまいます。スピーディに政策を実現するために、皆さんの仲間となるべき官僚がどこにいるか判断する方法を伝えます。

第八章では、政策のタイミングについて説明します。政策には旬があり、それを逃すと、実現が大きく遠ざかることもあります。一番効果的なタイミングで、官僚や政治家に考えを理解してもらえるように政策のスケジュールを理解しましょう。ここではすべての政策の方向性を決める政府方針である「骨太の方針」を例にとります。

第九章では、仲間を増やして政策を実現する方法を学びます。ここまでで一通り、政策について知るべきことは網羅していますが、政策は一人よりも二人で、一団体よりも複数の団体で伝えた方が、官僚や政治家にその重要性を理解してもらいやすいものです。仲間を作るには色々な方法がありますが、ここではメディアとともに政策を変える方法や中間組織を作るコツについて説明します。

第一〇章では自治体での政策実施について説明します。実際に政策が活用される現場は市町村や都道府県といった自治体です。国がいくら政策をつくっても、自治体が共感してくれなければ政策は前に進みません。自治体と政策を前に進めるためのスケジュール、キーパーソンを学ぶとともに、国家レベルの予算を動かす東京都に特にフォーカスを当てて、自治体で政策を実現するコツを学びます。

第一一章では、これまで学んだ内容を踏まえて、四つのケーススタディをご紹介します。企業やＮＰＯなどが政策を実現してきたプロセスを追体験して、知識を実践で使えるようにアップデートしていきます。

政官の行動原理やそれぞれの役割、政策スケジュールなどを理解し、それを踏まえた効果的な政策提案の方法を知ることで、皆さんの手で日本の未来をより良い方向に変えることができるはずです。

序章

政策と向き合うときの二つの心構え

自らの問題意識を政策に反映させて社会をより良くすることに関心があるといっても、「政策ってやっぱり難しそうだな」と距離を感じる人もいるかもしれません。でも、実は、皆さんも政策的な手法を使って日々の課題解決をしている、と言ったら驚くでしょうか。

身近にある「政策的な考え方」

政策とは、政府が持ついくつかの手法（ツール）を使って、人々の行動変容を促し、社会課題を解決するものです。

法律、予算、税制、執行、情報提供、表彰などはそのツールの一部で、それぞれ役割や効果が違います（詳しくは第三章で説明します）。政策を考えるとは「これらのツールをどのように組み合わせれば、一番効果的に社会を変えることができるか」を考えることです。

「政策」と聞くと、貧困の解決など大きな課題を想像してしまうかもしれません。しかし、政策の本質は、「困りごとを解決し、状況をより良い方向へ導く」ことです。課題の大小は関係ありません。そのような観点から日常生活を眺めてみましょう。そうすると、身近な課題解決にも政策的な考え方が使われていることに気づき、政策というものがさほど身構える必要がないものだと理解できます。

パートナーとの生活を想像してみましょう。家事分担の不公平感から喧嘩をする、なんてことはよく聞く話です。喧嘩の原因を放置することは、二人にとって望ましくありません。

この課題を解決するにはどのような方法が考えられるでしょうか。

「家事の分担を明確に紙に書きだすこと」はその一つです。どちらかが気が付いたらやるのではなく、掃除、洗濯、買い物などのタスクごとに役割を割り当てれば、私ばかり家事をしているという不満は減るでしょう。「ルールができたら分かりやすく紙に書いて貼っておく」のもよいかもしれません。

家事分担のルールを守らなければ「一回あたり五〇〇円の罰金を取る」ことも効果があるかもしれません。「しっかり家事をしてくれたら感謝の気持ちを伝える」のも、お互いが気持ちよく家事をすることにつながりそうです。

また、「スケジュールを共有」しておくことで、相手への配慮も生まれるかもしれません。今日は納期前で忙しいなら、私が代わりに家事をしておこう、そんな風に相手に対する配慮もできるようになります。

さらに、「お金を払ってハウスキーパーを雇う」のも一つの手でしょう。「そのためのお金は二人の収入に応じて集める」ことにすれば、二人とも少し懐は痛みますが、休みの日にどっさりとたまった食器や衣類を前にため息をつかなくて済むようになります。

皆さんも似たようなことをしているかもしれません。どれか一つだけではなく、いくつかの方法を組み合わせたりしている方もいるでしょう。

このケースを「政策的」に考えてみましょう。「家事の分担を明確に紙に書きだすこと」は法律に、「お金を払ってハウスキーパーを雇う」は予算に当たります。「ハウスキーパーを雇うお金は二人の収入に応じて集める」は税制に似ていますし、「ルール違反があった場合一回あたり五〇〇円の罰金を取る」のは決まりを守ってもらうための執行です。「しっかり家事をしてくれたら感謝の気持ちを伝える」は、良いことをしている団体をたたえる表彰、「スケジュールを共有する」は、人が合理的な判断をするために必要な情報提供と一緒です。

家庭や学校や会社、身近なコミュニティにおいて、何も決めごとがなく、お互いに配慮しあって、みんながハッピーに暮らしているという状況はかなり珍しいのではないでしょうか。どんなコミュニティであっても、みんなが安定した生活を送るために色々な工夫をしているはずです。そして、そのプロセスはとても政策と似ているのです。

身近な事例で考えてみると、政策ってそんなに難しいことじゃないんだなと感じませんか。

理想と現実の副産物

政策の考え方は実は身近にあるということを踏まえた上で、次に、政策に向き合う際に重要な心構えを二つだけ、説明します。これを知っておかないと、いざ政策提案をしてもその結果にがっかりしたり、不満を感じたりしてしまって、「結局何も変わらない」と、政策づくりに関わることをあきらめてしまうかもしれないからです。

まず一つめ。それは、政策は「理想と現実の副産物である」ということです。

勇ましく改革を叫んでいた政党やリーダーを支持していたものの、結果として実現された政策を物足りなく感じたことはないでしょうか。

これは政策が持つ特徴ゆえの現象です。政策を変えればいろんな人に様々な影響が出ます。特に負の影響が出る人たちのことも考え、社会不安が増大しないように配慮することが求められるのです。

反対派を無視して、ガラガラポンで世の中をまったく違うものに変えるのは政策ではなく革命です。現実と折り合いをつけながら少しずつ前に進めていくのが政策なのです。

先ほどの家庭内のルールなら、利害関係者はパートナーだけです。意見調整をする対象も少ないので、お互いにとって満足度の高い解決策を見つけることができるでしょう。しかし、これが遠くに住む親戚やあまり親しくない隣人にまで対象が広がると、途端に難しくなってしまいます。全員が完全に満足する答えは出ず、みんなが少しずつ我慢しつつ、「まあこれでしょうがないよね」という答えになることが多くなります。

もっと利害関係者が多い国の政策ならなおさらです。政策は日本全国の人に大きな影響を与え、いわば、みんなが生活する上で避けることができない環境を決定することです。政策が変わることによって、負の影響を受ける場合もあるでしょう。そういう人たちへの配慮も政策づくりにはどうしても必要になってきます。

つまり、政策とは必ずしも一〇〇%自分の理想通りに実現されるわけではないのです。新しい政策は、現状を変えることとイコールであり、みんなの理解を得ないまま、強引に政策を実現しようとすると、後から必ず揺り戻しが来ます。理想を掲げつつも、現実的な落としどころを探ることこそ、社会を変える近道なのです。

例えば、タバコの健康被害から日本人を救いたいと考えたとします。一番いい方法は、タバコの国内販売を禁止することです。日本でタバコが買えなくなれば、確かに喫煙が原因で病気になる人はいなくなるでしょう。

でも今の日本の状況で、タバコの販売を禁止することは非現実的です。

なぜなら、タバコは嗜好品として日本でそれなりの地位を得ているからです。今でも男性の約三割は喫煙者ですし、成人の喫煙率は約一五%にのぼります[1]。喫煙者でなくとも、個人の自由を尊重する立場の人も一定数います。そのような立場からは

「体に悪いことをする権利を政府が奪うのはおかしい」との声が上がってきそうです。

政策づくりのプロセスで大きな影響力を持つ現在（二〇二四年）の政権与党、自民党内の意見も割れています。タバコの規制に積極的なグループも存在しますが、二〇〇人以上の議員が所属する自民党「たばこ議員連盟」は規制に消極的なグループで、タバコ事業者に親和的な立場です[2]。自民党は全会一致が基本なので、タバコの国内販売禁止の意思決定までに大揉めすることは間違いないでしょう。

さらに、タバコ以外にも、酒・お菓子・パチンコ・ゲームなど、はまりすぎれば肉体的・精神的に悪いであろうものはたくさんあります。タバコはダメで他の嗜好品は問題ないとする説得力のあるロジックも考えないといけません。

このように、タバコの国内販売禁止には高い高い壁があり、すぐに実現できるとは思えません。理想を掲げることも大事ですが、社会の現状を踏まえてどのレベルの政策なら実現可能かを同時に考えておくことも必要です。

自分の考えに固執し過ぎると、社会を前に進めることはできません。時には、喫煙に肯定的な人もいることを前提とした上で、そのような人たちも渋々ながら納得できる、もしくは納得せざるをえない方向性を探れる構えはとっておくべきです。そうして出来上がった政策は元々の理想から少し遠いものかもしれませんが、それでも何もしないよりは良い方向に社会が変わるはずです。

政策はもどかしい

二つめの心構えは、「政策のもどかしさを受け入れる」ということです。

先ほど家庭内のルールと政策の類似性を指摘しましたが、そこには大きな違いもあります。家事分担のルールであれば、パートナーと話し合って自分で決めることができますが、政策を考え、意思決定をする直接のアクターは官僚や、皆さんに選挙で選ばれた政治家です。「自分たちのことを直接決められない」のが政策の特徴です。

少しもどかしいところではありますが、これは皆さんが政策に関与できないということではありません。官僚や政治家もまた、皆さんが思っているほど自分たちだけで自由に政策を決められないからです。

予算や法律をつくるためのスケジュールや手続きには彼らも従わなければいけません。政治家の場合には、国民の意見をしっかり取り入れなければ次の選挙で当選できないという急所もあります。国民の声をバランスよく拾いきれていない政策をつくれば官僚も批判を浴びますから、政府の会議などの場で多様な声を聴いて政策に織り込もうと努力します。

政策のスケジュールやそれに関わる手続きは皆さんにとってなじみが薄いものです。これは政策を分かりにくく、遠いものに感じさせてしまう一因かもしれません。しかし、政策立案のルールや制約を理解すれば、国民の意思を政策に反映させるきっかけとしても使うことができるのです。

比較的大きな組織の意思決定にも似ています。新商品の開発を実現するためには、社内の意思決定のタイミングや所定の手続き、意思決定ライン内外の関係者への根回しなどが必要でしょう。重要な人物に新商品の後押しをしてもらえれば、商品化のハードルがぐっと下がるかもしれません。会社と同じように政策にも流儀があるということです。押さえておくべき勘所を理解することで政策実現の可能性は高まっていきます。

この二つの心構えを踏まえた上で、政策と向き合っていきましょう。

第1章

「みんなの声」は届いているか

良い政策の三条件

実は政治を取り巻く環境は、みんなで政策をつくるのに適した形に変わってきています。その変化について説明する前に、大前提として、「良い政策をつくるための条件」について説明します。それは以下の三つだと考えています。

- 詳しい人が徹底的に考える
- できるだけ多くの人の意見を聞く
- 政策をつくった後の執行のことも考える

この三条件を満たせば、良い政策が生まれる可能性は上がります。実はこの条件は民間企業での商品開発プロセスと基本的な構造は一緒です。

詳しい人が徹底的に考える

おもちゃ会社の例で考えてみます。ヒットする仮面ライダーのフィギュアを作るには、機能、色合い、デザインなどだけではなく、安全性や販売価格についてもトータルで考える必要があります。そのような観点を踏まえて一番利益が出るフィギュアを作る可能性が高いのは、おもちゃ会社で長く仮面ライダーの商品開発に関わってきた人物でしょう。

もし、仮面ライダーがバイクに乗っている（最近はあまり乗っていないような気がしますが）からといって、バイク会社で商品開発に関わっていた人が、いきなり仮面ライダーのおもちゃを作ろうとしてもいいものは作れないはずです。政策づくりにおいても、専門知識を持っている人が論点設定をしたり、方向性を考えたりすると良い政策ができる可能性が高まります。

できるだけ多くの人の意見を聞く

長年仮面ライダーのフィギュアに携わってきた企画担当が作る商品は、売れる可能性は高そうです。でも、世の中のニーズや流行をとり間違え、陳腐化した商品を作っている可能性もなくはありません。

そのようなリスクを避けて、新作商品を間違いなく売れるものにするためには、第三者の声を聞くことが必要です。消費者へのヒアリング、営業担当社員や販売店の店員の意見を参考にすることもあるでしょう。

政策の世界でも一緒です。専門性がある人が政策のたたき台を考えた後に、いろんな人の意見を聞くことで、その政策をより精緻なものにできます。

政策をつくった後の執行のことも考える

さて、あとは生産して販売するだけの段階ですが、むしろここからの工程が重要です。

当初想定した販売数を過不足なく生産し、時期を逃さず販売するには、

- 海外の生産工場
- 日本へ商品を輸送するための船
- 商品を置くための販売店のスペース
- 販売効果を最大化するための広告

などを抜かりなく手配しておく必要があります。

おそらく開発担当のほかに、営業担当や広報担当の手も借りなければいけないでしょうから、必要があればその増員も視野に入れなくてはいけません。さらに販売した後のメンテナンスやアフターフォローの体制も必須です。

このようにフィギュアを販売して利益を最大化するには、いかにかっこいい商品をデザインするかだけでなく、その後の生産、販売、アフターフォロー体制まで確保しておく必要があるのです。

それを怠ると何が起こるでしょうか。

商品の大量の在庫に困る、逆に需要に対する生産が追い付かず販売機会を逃す、また不十分なアフターフォローの結果、消費者が企業から離れるような事態が発生してしまうかもしれません。

企画した商品を当初の想定通り売ることは、つくった政策を狙った人に届けることと本質的には一緒です。

新型コロナワクチンの接種促進という政策一つとってみても、ワクチンを製薬企業から購入することはもちろんですが、他にも、ワクチンの輸送、接種予約の管理、接種会場・医療従事者の確保など、考えることはたくさんあります。これがうまくいかないと、ワクチンを確保したはいいものの、ワクチンの有効期限内に接種させることができず、廃棄しなければいけないことになってしまいます。

現実の政策形成プロセスと三条件

それではこの良い政策に必要な三条件が、実際の政治の現場においてどのように機能しているのかを見ていきましょう。

日本の政策のつくり方は戦後から今に至るまで大筋は変わらず、以下の順番で進みます。

（1）官僚が政策案を作成
（2）政府会議で意見集約
（3）与党部会での議論（事前審査制）
（4）国会での審議・採決・成立
（5）政策の実行

まず、（1）官僚が政策案（ここでは法律案を例にとります）を作成します。官僚自身やその上司である大臣などの課題意識をベースに、官僚は議論すべき課題やその方向性を含むたたき台を作ります。「詳しい人が徹底的に考える」の機能を政策の世界では官僚が担っているということになります。また最終的に、（5）政策の実行を担うのも官僚ですから、初期の段階で「政策をつくった後の執行も考えること」が期待されています。

そして、官僚が作成した案をもとに、（2）政府会議で関係者の意見集約を行います。

本書において政府会議とは、民間の商品開発における、消費者などへのヒアリングに似た仕組みである、審議会や検討会を指します。政府会議には業界団体などの中間組織★、有識者、自治体など政策の影響を受ける様々な立場の人たちが出席します。

新しくつくられる政策により影響を受けるであろう様々な関係者に政策案を示し、意見をもらう場が政府会議です。これにより、たたき台で見落とされていた視点を政策に取り込むことが意

★　中間組織とは、同じ職業・立場の人たちや会社などが集まって作る組織です。国民と国会や政府の間に立って、そこに所属する人たちのために、政策を政府に届ける役割を担っています。

図されています。

政府会議で意見集約を行った後は、国会に法律案を提出する前に、（３）与党の政務調査会部会★で、与党議員から意見を受けます。いわゆる与党事前審査制と呼ばれる非公式なプロセスです。効率的な意見集約を目指して一九六〇年代に確立したといわれています。

そして、与党の了承を得たのち、（４）国会での審議が行われ採決・成立という流れになります。与党部会を通過すると、国会での採決には党議拘束が課せられるので、基本的には、与党の全国会議員が賛成することになります。一方で野党の国会議員は国会の場で政策に足りない視点を提示しようとします。

この、（２）政府会議で意見集約、（３）与党部会での議論（事前審査制）、（４）国会での審議・採決・成立のフェーズが「できるだけ多くの人の意見を聞く」機能を担保していることになります。

このように、これまでは政治家と官僚、そして古くから政策に影響を与えてきた業界団体やアカデミアが中心となって政策づくりをしてきました。しかし、これからお伝えする社会の変化の影響で、もっと様々な立場の人たちが政策づくりに積極的に参加することが必要になってきています。

★　与党部会は、厚生労働省だと厚生労働部会、環境省なら環境部会のように、省庁の単位ごとに政務調査会の下に設置されている自民党内の組織です。それぞれ部会長がいますが、全体の長が政調会長です。それぞれの省庁が担当する政策に関心のある議員が部会に出席し、自分たちの意見を政策に反映させようとします。

政策を取り巻く状況変化① 「声が届かない」問題

官僚の情報収集ルート・時間の減少

かつて、官僚は業界団体などの中間組織と密接な関係を持っていました。人事院の平成一〇年度年次報告書にはこのように書かれています。

> 行政機関が業務を遂行するに当たっては、関係方面の意見を十分踏まえる必要がある。とりわけ、政策の企画・立案に当たる中央省庁の幹部職員にとっては、現場の生きた情報を政策に反映させるため、民間との接触の必要性が強く意識されていた。いわゆる「腹を割った」本音の意見交換や良好な人間関係を築くための方法として、日本社会では会食等の場が広く使われてきたことは事実であろう。[1]

ところが、この民間と行政とのコミュニケーションは、一九九八年の大蔵省接待汚職事件★をきっかけに二〇〇〇年にスタートした国家公務員倫理法により、厳しい制限をかけられていま す。不適切な関係は断ち切られて当然でしょう。一方でそれに代わる官民の情報共有のルートは、良い政策をつくるためには依然として必要なはずです。

★ 銀行員から繰り返し接待を受けた大蔵省（今の財務省、金融庁）職員が、見返りに銀行への立入検査の日程などの情報を漏らしてしまった事件。

さらに、「ブラック霞が関問題」も民間との情報交換がしにくくなった要因の一つです。次節で説明するように、官邸主導で政策のスピード感が上がる一方で人員体制は十分に整わないという環境があります。その中で、今の霞が関の中堅・若手職員は、昔と比べものにならないくらい、作業に追われるようになりました。[2]

内閣官房内閣人事局の調査によると、二〇代で総合職採用の職員の約三〇％は過労死ライン超えの八〇時間以上の残業をしています。[3] 国会会期中は議員からの質問に対する答弁を作成する業務がありますが、内閣人事局が二〇二二年一一月から一二月の臨時国会に着目して行った調査によると、この作業がすべて完了するのは平均的に午前三時頃という驚くべき実態も報告されています。[4] 官僚が過酷な勤務にさらされていることをデータも示しています。

今では、性別にかかわらず、働きながら子育ても家事もするという方が増えました。少し年配の職員になれば、介護の問題に悩む職員もいるでしょう。城山三郎の『官僚たちの夏』（新潮文庫）に出てくる高度経済成長期の官僚が「無定量・無際限」に働いていた時代とは環境が大きく変わりました。仕事とプライベートでやらなければいけないことが増える中、当事者の課題意識を知るための現場への視察や情報交換などに時間を十分に割ける職員はそんなに多くないのが現状です。

政治家と国民の接点の希薄化

また、選挙制度の変更も要因となり、政治家と国民の接点が少なくなったことも指摘できます。

かつて、衆議院の選挙制度は一つの選挙区から複数人が当選する中選挙区制でした。政権与党か、最大野党か、という選択の要素は今ほど強くなく、地元活動により支持層をしっかりおさえておけば、時の政権の評判がどうであろうと、候補者自身は当選する可能性が高かったといえます。

その後、一つの選挙区から一人を選ぶ小選挙区制が一九九六年の衆議院選挙から導入されました。この仕組みをとると、基本的にその選挙区でもっとも票を獲得した候補者だけが当選することになります。そうなると人々は自分たちの投票が無駄にならないよう、一位になりそうな候補者に投票しようとします。

その結果与党の候補者か、対抗馬になりそうな比較的大きめの野党の候補者に票が集中します。「人」を選ぶのではなく、「政党」を選ぶ選挙になるので、国民も政治家の選挙努力（＝地域活動、政策活動）よりも、政治家の所属する政党をどうしても重視するようになります。政治家個人とのつながりはさほど重要ではなくなってくるのです。

中北浩爾さんの著書『自民党』（中公新書）によれば、政治家後援会への加入率は一九九〇年の一八・二％をピークに二〇一四年には三・三％まで下がっています。

国民が地元の国会議員を通じて声を届ける従来のルートが減少しているのです。

中間組織の弱体化

中間組織の意見集約機能も最近は弱まっています。

例えば労働組合は一九七〇年代半ばまで、労働者の三人に一人が加入していましたが、その後は減り続け、二〇二二年には六人に一人になっています。[5] 不完全とはいえ、人々の声を一定程度代弁する機能を果たしていた中間組織が人々の声を拾いきれなくなっていることを象徴しています。特定の中間組織で活動した経験から、「自分の声が代弁された」と感じたことがある人は、読者の中にも少ないでしょう。

このように、「中間組織の弱体化」によっても、政治に対する納得感の低下が生じていると言えます。

改めて整理してみましょう。

まず、官僚の視点からすると、情報収集ルートの減少、民間との意見交換に充てる時間の減少により、政策立案に必要な知見を得ることが難しくなってきています。これまで十分とはいえないまでも、中間組織を通じて政治に届けられていた人たちの声が、さらに届きにくくなりました。政府会議も、かつてのミニジャパンのような場所ではなくなってきています。地元の政治家とのパイプも細り、政治家を通じたこれまでの意見表明も困難になりつつあります。与党の事前審査制のもと、国会の場で新しい視点を政策に反映させるハードルは高いままです。

このように、これまでのやり方では「みんなの声」が届きにくい状況が生まれているのです。

政策を取り巻く状況変化② 政策立案ペースの加速化

ここまでネガティブな変化について説明しましたが、次はどちらかというとポジティブな変化を紹介します。それは、政策立案のペースの加速化です。

政権選択に直結する「風」

先ほど言及した小選挙区制は二大政党制に適した制度です。この制度が導入されたことにより、政権運営がうまくいかなくなった時に、政権交代が行われる可能性が高まりました。

選挙制度の変更に加えて、無党派層の増加も政権交代の可能性を高めました。NHKの調査によると、支持政党がない、いわゆる無党派層は一九七三年には三人に一人だったものが、二〇一八年には五人に三人となっています。[6]

特定の支持政党のない無党派層は、その時々の政権に対する評価により、投票行動を変化させます。その結果いわゆる「風」が吹きます。二〇〇五年に郵政民営化を訴えた自民党、二〇〇九年に政権交代を訴えた民主党はそれぞれ衆議院選挙で大勝しましたが、これらの勝敗を分けたのは無党派層が引き起こした風だといわれています。

選挙制度の変更、無党派層の増加により、時の政権は政権支持率を常に高く保っておく必要にせまられました。支持率が下がれば「この政権では選挙を戦えない」と与党内部から倒閣運動が起こりかねないからです。そのため、国民の関心の高い政策課題については、不満を解消するための施策をより早く実施することが必要になりました。

官邸主導の強化

二〇〇〇年前後に行われた統治機構改革は、官邸主導を強化しました。統治機構改革とは、かつて一府二二省庁あった中央省庁を一府一二省庁に再編するなどした一連の行政改革のことをいいます。この時、首相権限の拡大のために設置あるいは機能が強化されたのが、内閣府、内閣官房、そして経済財政諮問会議です。

それ以前の総理は、自らの手足として使うことができる十分なスタッフ・組織を持っていませんでしたが、内閣府、内閣官房を活用することで、総理肝いりの施策についてスタッフや組織の支援を得て立案をすることが可能になったのです。

同じタイミングで設置された経済財政諮問会議も、官邸主導の強化に一役買いました。各省だけでは進められない政策について、官邸がトップダウンで実現に向けて議論をしかけ、ダイナミックな政策を実現することが可能になったのです。

このように、これまでのやり方では「みんなの声」が届きにくくなった状況に対して、様々な立場から積極的に政策に関わる必要性が高まっており、また、それを可能にする政策環境の変化が生じているのです。これが本書に通底する時代認識です。この現状の変化を念頭に置きつつ、次の章では、政策の性質を理解するために、政策と商品の違いについて考えてみましょう。

第2章
商品との比較から考える政策の本質

政策づくりの一丁目一番地

- 社会が便利になる良いアイデアを、官僚や政治家が理解しない
- 民間のスピード感が官僚や政治家にない

政策に関わったことがなくても、こんな印象を持っている人は多いのではないでしょうか。この背景には民間団体と政官の価値観の違いがあります。そしてその違いは「商品」と「政策」の性格の違いから生まれています。

前の章で、政策をつくるプロセスは商品を作るプロセスに似ていると説明しました。確かに「プロセス」は似ているのですが、実はその「成果品の本質」は大きく異なります。官民が対話や協働を進めるには、この本質的な違いを理解することがとても大事です。

政策には代替性がない

根本的な違いを一言でいえば、

- 商品の場合、企業も顧客もお互いを選べる
- 政策の場合、政府も国民もお互いを選べない

ということです（図表２・１）。

携帯電話を例に考えてみましょう。お店に行けば、iPhoneかAndroidか、値段が高く高機能なもの、安くてシンプルなものなど色々な製品を見つけることができます。このような選択肢の中から欲しいものを納得して買うのが普通です。つまり、顧客は商品（企業）を選ぶことができるのです。

企業側も同様です。売上が見込めない地域では、商品を販売しないこともできますし、個別の店単位でも、あまりに失礼な客を迷惑な客として、入店を拒んだりすることもできます。企業は顧客を選ぶことができるのです。

一方で、政府は顧客である国民を選ぶことができません。

図表2・1　政策の特徴――代替性がない

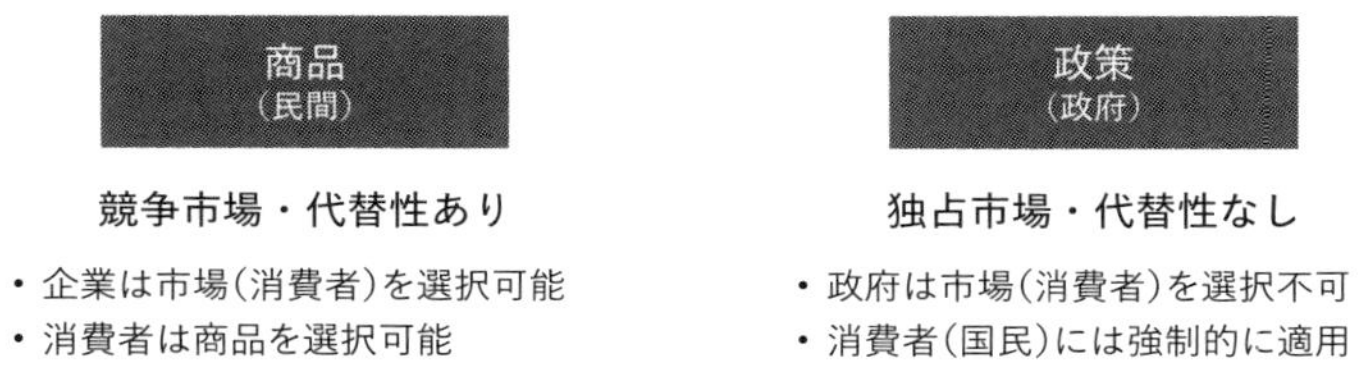

商品 （民間）	政策 （政府）
競争市場・代替性あり	**独占市場・代替性なし**
・企業は市場（消費者）を選択可能 ・消費者は商品を選択可能	・政府は市場（消費者）を選択不可 ・消費者（国民）には強制的に適用

ある政策に対して賛成と反対が半々だったとしても、「では、賛成している人だけにこの政策を適用します」ということはできません。

逆に国民も政府を選ぶことができません。飲酒運転を禁止する道路交通法という法律がありますが、「僕は、酒に強く多少飲んでもまったく運転に問題がないから、適用しないでくれ」とはいえません。法律は、ひとたび成立すると、その国で生活する人全員に強制的に適用されるからです。

政策は対価性が弱い

もう一つの特徴は、

- 商品の場合、お金を払った人と商品・サービスの受け手が一致する
- 政策の場合、お金を払った人と受益者が一致しない（しにくい）

点です（図表2・2）。

当たり前のことですが、商品の場合、それを欲しい人がお金を払います。ホテルの宿泊費用を

払った人は、宿泊する権利を得ることができます。他の人の宿泊費用を払う必要はありません。

政策は違います。製品やサービスの受け手とお金を払う人が必ずしも一致しません。

例えば、医療保険を考えてみましょう。収入が多い人は多めに保険料を払いますが、いっぱい払ったからその分病院に行って治療を受けたり、薬をもらったりしているかといえばそうではありません。彼らが支払ったお金は、病気の人や貧しい人のために活用されます。

社会全体で助けあうという考え方が医療保険の背景にはあります。政策はサービスを受ける人とお金を払う人との関連が薄い、という特徴があるのです。

「社会的合意」の必要性

いわば政策は、政府が国民に対し、一つの商品を押し付け（＝代

図表2・2　政策の特徴――対価性が弱い

商品
（民間）

対価性が強い

- 商品やサービスの購入者が支払う
- 支払額に見合った商品を購入者が受け取る
- 支払った分の見返りの要素が強い

政策
（政府）

対価性が弱い

- 収入などで税や保険料の納付額が決定
- 受益者は政府が決定
- 支払った分の見返りの要素が弱い

対価性：なにかを受け取るときにその対価として金銭などを払っているかどうか

替性がない)、支払うべき代金も勝手に決める(=対価性が弱い)、「特殊な商品」のようなものなのです。常に国民は、欲しくないものを強制的に売りつけられるリスクの中、生活しているともいえます。

政治家や官僚がどんなに優秀でも、現場の状況を勘違いしたり、聞くべき人の話を聞かなかったりした結果、おかしな政策ができてしまう可能性はゼロではありません。また、多くの人にとって良いものでも、一部の人にとってはすごく不都合なものができてしまうかもしれません。先ほどの医療保険のケースでも、例えばお金持ちが払う保険料や税金の額が上がりすぎることで「もうこの国から離れよう」と海外移住する富裕層が増えてしまえば、制度自体の維持は困難になります。そうなれば救われるべき人を救うことも難しくなります。制度にはバランスが大事なのです。

だから、政策をつくる段階で賛成だけではなく反対の意見も広く聞き、できるだけ双方の利害を反映した上で、「これならしょうがない」という状況、つまり、「社会的合意」をつくることが政策には求められるのです。

この章の最初に挙げたように、民間の感覚からすると、官僚や政治家について、理解できないことがたくさんあると思います。その裏には、すべてこの政策と商品の違いが影響しているといっても過言ではありません。

例えば、民間企業ではこれまでにない商品で、かつ社会が求めているものを作ることができれば利益を上げることができます。

同じように、０から１を生み出すような画期的な政策を官僚が考え、実行すれば世界に類を見ない先進的な国家をつくることができるのではないかと思う人もいるかもしれませんが、そのようなことはほとんどないといっていいでしょう。

なぜなら民間と違い、政府は失敗が許容されにくい仕組みとなっているからです。

民間企業であれば、新しい商品を作る原資は過去の利益のストックです。あるいは自社だけでなく、リスクをとった投資家の資金の場合もあるでしょう。リスクをとることはビジネス上必要なことです。仮にその商品が、想定通り売れなかったとしても、事業構築のプロセスが杜撰だとか、大損害が出るなどの事情がない限り、織り込んだリスクの範囲内と言えるかもしれません。

一方で、国が政策を実現するための原資は、税金です。強制的に集めたお金で、政策は実現されているのです。そのため、そのお金の使い道を厳しくチェックする仕組みが何重にも設けられています。

国の予算編成をつかさどる財務省は、予算の使い道を提案する各省庁に対し、その予算の合理性を徹底的に追及します。その財務省から了解をもらったあとでも、予算を執行するには国会で認めてもらう必要があります。さらに予算を使った後も、その予算が適切に使われたか、会計検査院が検査することになっていますし、国会でも決算委員会などでチェックされます。

つまり、政府は、目的どおり有効に使われる可能性が高いものでないと予算をつけることができないのです。

そのため、国は常に、政策に応用できそうな民間や自治体の先行事例を探しています。すでに成功している取り組みは、予算が有効に使われる可能性が高いからです。そのため、民間団体の中には、自ら先進的なモデルを作ることで、自分たちのアイデアの政策化の可能性を上げようとするところもあります。また、自治体と一緒に事業を実施して、行政における成功事例を積み上げる手法がとられることもあります。

このように、「政策と商品は違う」ことを認識すると、政策づくりの解像度が格段に上がります。これ以降の具体的な政策へのアプローチを読む際も、このことを念頭に置いておくと、より理解が進むでしょう。

第3章
意外と知らない
七つの政策ツール

政策には種類がある

政策とは、政府が持ついくつかのツールを使って、人の行動変容を促し、社会課題を解決するものです。その主なツールは大きく以下の七つに分けられます。

- 規制（法律・政令・省令）
- 予算
- 税制
- 執行
- 情報提供
- ＰＲ
- 表彰・認証

これらは、それぞれ役割や効果が違ってきます。政策で社会を変えるには、これらのツールの違いをしっかり理解しておく必要があります。そのわけを説明しましょう。一例をあげます。

あなたは子育て環境の改善のために活動しているＮＰＯの代表です。ある日、その政策を担当する官僚や政治家に会う機会を得ることができました。あなたはどんな提案をすべきでしょうか。

もし単に「子育てがしやすい環境を整備してください」と伝えたら、どうでしょう。彼らは「〇〇という法律を昨年つくりましたし、××という予算も今年から新設しています。引き続き子育て環境の改善に努めます」と回答してはくれるでしょう。

でも、おそらくこの伝え方では何も変わらないはずです。なぜなら彼らはあなたが何に困っていて、具体的に何をどうしてほしいのか理解できないからです。あなたが本当にしてほしいことを理解してもらうためには、説明の仕方をもっと改善する必要があります。

国民の声に丁寧に耳を傾け困りごとを解決する方法を考えるのが政府の仕事だろう、そう思う人もいるかもしれません。しかし、世の中にはたくさんの課題があり、官僚や政治家は日々、その課題に優先順位をつけて政策を進めています。優先順位をつける方法として、課題の重要性ももちろんありますが、その課題の解決方法がクリアに見えているかも当然考慮すべき材料になってきます。他の誰かが、課題とその解決方法を上手に伝えた場合、その政策が優先されることになります。

自分たちの主張を政府に伝えることで満足するのではなく、本当に課題を解決したいならば、政府にしてほしいことをもっと具体的にした上で、官僚や政治家と話をした方がお互いにとって有益です。

どの法律のどの条文がどう変わればよいのか、それとも新しい予算をつくるべきなのかといったところまで具体的に掘り下げて伝えれば、官僚や政治家の反応も変わってきます。そのためには現状の制度を理解した上で、課題を解決するために最適な政策ツールが何かまで理解しておくことが必要なのです。

政策ツール① 規制――強制的に行動を変化させる

一つめの政策ツールは規制です。これには法律やその下の法令である、政令や省令も含まれます。規制の特徴を端的にいうと、「強制的に国民の行動を変えるツール」です。

一例として、薬機法について考えてみましょう。この法律は、一定の質が保証された薬などを日本国内で流通させることを目的として、製薬企業や薬局に対して様々な規制を課しています。

この法律がない場合、どんなことが起こるでしょうか。例えば、効果のある薬と効果が不確かな薬が同じように流通してしまい、自分が買うべき薬がどれなのか、質の高い薬がどれなのかを判断できなくなってしまうかもしれません。

そのようなことが生じないように、薬機法には薬の効果などに関する嘘の広告を罰則付きで禁止する規定が設けられています。このように、知識がない人でも、質の高い薬を安心して手にいれられるよう、国民や企業の行動を強制的に制限しているのです。

規制は行動変容を促すというよりも、その強制力に特徴があります。その強制性ゆえに、政府が規制を設けることには高いハードルがあります。そのため、法律で規制する部分は最小限とし、その他の部分は、強制性の弱い予算やＰＲなどで補完するという判断が行われることもあります。

望まない受動喫煙を防止するために、健康増進法という法律が平成三〇年に改正されました。[1]この法律では①原則飲食店は禁煙とし、喫煙専用室があればその中でだけ喫煙可、②経営体力の乏しい小規模店舗は、引き続き喫煙可、という仕組みになっています。この法律だけでは、小規模店舗での受動喫煙を防ぐことはできません。そのため、この法律とセットで、新しく喫煙専用室を作る飲食店に対しては、条件を満たせばその費用の２／３を国がサポートする予算が用意されています。[2]これは小規模店舗が喫煙専用室を作ることを後押しするためのものです。法律で規制する部分は最小限とし、その他の部分は、強制性の弱い予算で補完した事例です。

政策ツール② 予算——行動を自主的に変化させるインセンティブ

予算は、国民から強制的に徴収した税や社会保険料を、みんなに必要なモノやサービスに使うツールです。金銭的なインセンティブを与えて、人々の自主的な判断に働きかける性質を持っています。

例えば医療保険制度です。この制度は、医療にかかったお金のうちの原則三割を病院の窓口で患者が支払い、残りを政府が税や社会保険料として国民から広く集めた財源から支払う仕組みです。

医療保険がないとどうなるでしょうか。おなかがすごく痛くても、数万円の出費を惜しんで、病院に行かないで様子を見ようと判断する人が増えるといったことが考えられます。何もなければよいのですが、もしかすると重大な病気がその腹痛の原因かもしれません。我慢しているうちに手遅れになってしまうこともあるかもしれません。

でも医療保険があると、かかった医療費のうちの三割だけを支払えばいいので、病院に行く心理的ハードルは一定程度下がることになります。普段なら行かないお店でも、割引券があれば行くという判断をするのに似ているかもしれません。
法律と違って、自主的な判断に働きかけるものなので、比較的使い勝手のいい政策ツールといえます。

政策ツール③　税制――インセンティブにもディスインセンティブにもなりうる

税制は、政府が強制的に国民から徴収する税金を使う政策ツールです。支払うべき税金の額を高くしたり安くしたりすることで、人々のある方向への行動を後押ししたり、逆に引き留めたりします。

納めるべき税金を安くすることで企業の活動にインセンティブを与えることもできますし、災害等により生活が苦しくなった人のために税金を払わなくてよくしたり（免除）、税金を支払う期限を後ろ倒ししたり（猶予）、様々な目的を達成するために活用できる便利な政策ツールでもあります。

例えば住宅ローン減税という制度は、住宅ローンを借りて、住宅を購入した場合に、ローン残高の一定率を所得税や住民税から控除する仕組みです。[3] 住宅というのは数百万〜数千万円する高価な買い物ですし、ローンを組むとなると、かなり長期間の返済計画が必要となるので、購入には慎重になる人が多いはずです。

でも住宅ローン減税があるとどうでしょう。今年、住宅を買えば将来払う税金が減るが、来年度以降に買うと税金の額が上がるかもしれない状況なら、一定程度の人が「今、家を買う」という判断をすることになります。住宅の購入意欲が高まれば、景気も好転するきっかけになります。

逆に住宅ローン減税をやめた場合は、住宅購入を控える人が多くなるはずです。景気が過熱している時には、住宅ローン減税をやめる判断もありうることになります。

政策ツール④ 執行——他の政策ツールの目的達成のために監視・監督する

規制や予算があっても、それに人々が従っていなければ、政策の目的は達成されません。

例えば、道路交通法では、酒気帯び運転を禁止していますが、もし警察が酒気帯び運転を一切取り締まっていなかったとしたらどうでしょう。ルールを守らずに、お酒を飲みながら運転してしまう人は増えるのではないでしょうか。

そうなるといくら立派な法律があっても、人々の安全を守ることはできません。ルールを軽視する人にルールを守らせるには、違反を取り締まる姿勢を政府が見せることが必要です。このように、規制などのルールが目的に沿った形で運用されるように監視・監督することを執行と呼びます。執行も立派な政策ツールの一つです。

時折、飲酒運転の検問を街中で行ったりしていますし、交通違反の取り締まり計画を公表して、交通ルールの順守を国民に訴えることも執行の一部です。[4]

政策ツール⑤　情報提供――知るべき情報を公開して、合理的な判断を促す

法律上は何ら規制されていないが、人々が正しい情報を得て、合理的に判断することを促すための政策ツールが情報提供です。

例えば海外渡航情報がそれです。外務省のＨＰを見ると、「○○国軍兵士による政変が発生しており、政治情勢は不安定です。○○地域への渡航はやめてください」など、その国の政治情勢などを踏まえた危険情報が公開されています。

様々な事情があるでしょうから、それでもその地域に行くと判断する人を止めることはできませんが、多くの人がこの情報提供を受けることで出国を踏みとどまることになるでしょう。

同じようなケースに新型コロナワクチンの情報提供があります。

二〇二〇年頃から始まったコロナ禍では、迅速にワクチンの承認手続きが行われ、日本国内に流通しました。新型コロナウイルスの脅威に対して、これまでとは異なる特例承認が行われたことで、「このワクチンを接種してよいものか」と悩む人も多かったようです。そんな中、厚労省は「新型コロナワクチンQ＆A」という特設サイトを設置し、人々の疑問に対して、回答を行っています。[5]

これも正しい情報を提供して、人々がワクチン接種するかどうかを合理的に判断できるようにと行われた情報提供の一例です。

政策ツール⑥　ＰＲ――キャッチーな文言や、著名人を活用して、政策を周知する

社会全体としては、ある方向に進んでほしいと思われるものの、強制的な手段をとるべき課題ではないような場合、ＰＲという政策ツールが用いられます。情報提供に似ていますが、こちらはより政策自体を知ってもらうことに重点が置かれます。

例えば「イクメン」という言葉が一時期はやりました。このキーワードを利用して、男性の家事育児に費やす時間を増加させることや、育児休業の取得を促進しようとしたのが、イクメンプロジェクトです。

イクメンの派生形として、会社内の子育て環境の改善に努力する上司として、「イクボス」というワードも生まれました。子育てを行う男性やその支援を行う企業の取り組みをサポートすることを目的としています。

男性は必ず育児休業を取らなければいけないと法律で定めるべきでしょうか。様々な事情で、働かざるを得ない人もいるでしょうから、そこまでは行き過ぎなように感じます。でも、男性の育児休業取得率の低さを見ると、男性側の意識改革がもう少し必要なように思えます。このように、みんなに強制まですべきではないが、一定の方向性に人々の行動を誘導したいときにＰＲの手法は使われます。

ＰＲで効果がない場合は、新しい法律をつくることで、強制的に行動を変容させることもあります。

男性の育児休業の取得については、イクメンプロジェクトなどＰＲが早い段階から活用されてきました。しかし、男性の育児休業取得率は、少しずつ増加してはいるものの、十分な増加があったとはいえませんでした（二〇一九年の男性の育児休業取得率：七・四八％。女性八三・〇％）[6]。

このような状況も踏まえ、二〇二一年の育児・介護休業法の改正では、一〇〇〇人以上を雇用する企業に対して、育児休業の取得状況について公表を義務付ける規定が新設されました[7]。これは実質的には、育児休業の取得状況が芳しくない企業を公表することと同じです。ＰＲだけでは望ましい政策効果が得られなかったことから、規制を後から追加した事例といえます。

また、コロナ禍でうまくいったPRの一つが「三密回避キャンペーン」です。これは、新型コロナウイルス感染を防ぐために、密閉空間、密集場所、密接場面を人々に避けさせることを目的に、共通する漢字である「密」をまとめて「三密」と表現したものです。

厚労省がLINEの協力をえて、二〇二〇年八月に行った調査によると、ほとんどの業種において、七割の回答者が三密回避のための対策をとっていると回答しています[8]。このPRによって、人と近くで接することを避けなければいけないという意識は広く国民の中に浸透したといえるでしょう。

政策ツール⑦　表彰・認証——お墨付きを与えて、取り組みを促す

PRと同様に、社会全体としては、ある方向に進んでほしいと思われるものの、強制的な手段をとるべき課題ではないような場合、表彰・認証という政策ツールが用いられます。情報提供やPRに似ていますが、こちらは政府が進めたい取り組みを行っている企業や団体にお墨付きを与えることで、そうでない企業などに取り組みを促すという特徴があります。

先ほど触れたイクメンプロジェクトの中には、「イクメン企業アワード」という賞が設けられていました。男性の育児と仕事の両立を積極的に推進する企業を「イクメン推進企業」として表彰する仕組みです。[9]

イクメン企業アワードを受賞すると、メディアでも取り上げられますし、従業員の働き方に配慮しているという評判がたてば、採用活動にもプラスになるでしょう。

このようなポジティブな効果があるものの、表彰・認証の場合、好事例だけを取り上げるので、そうでない企業や団体を奮起させる効果は限定的です。表彰・認証で効果がない場合は、新しい法律をつくることで、強制的に行動を変容させる手段をとることもあります（ＰＲの項で説明した二〇二一年の育児・介護休業法の改正がそれにあたります）。

「何を」してほしいのかを明確にする

この章の冒頭で子育て支援のＮＰＯを例としてあげましたが、この七つの政策ツールのうち、どのツールを使うと効果的でしょうか。すでに触れた二〇二一年の育児・介護休業法の改正を前提にして考えてみます。

規制のツールを使うなら「今の育児・介護休業法の規定では、育児休業の取得状況について公表を義務付けられているのが一〇〇〇人以上を雇用する企業だけです。日本にはその基準に達しない多くの中小企業があるので、それらの企業に対しても公表・義務付けを行ってください」と主張することも考えられます。すでにある制度の対象者を広げる、というのは制度改正の際によく使われる手法です。

予算のツールを使うなら「中小企業に対して、育児と仕事の両立を促進するツール導入のための補助金を支出してください」という主張もあるかもしれません。企業体力などを考えると、強制するのは難しいけれど、できればやってほしいという場合は予算で後押しすることも一つです。

税制を活用して「育児休業を積極的に推奨している企業の法人税を安くしてください」という主張もありうるかもしれません。

このように政策づくりには、現状の制度をよく理解した上で、課題に

図表3・1　政策提案では「何を」してほしいかを明確にすることが重要

良くない提案	良い提案
「○○に関する政策を改善してほしい、予算を増やしてほしい」	「○○法の第○条に基づくガイドラインの○ページのこの部分を削除してほしい」

対する対応策を考えることが必要になってきます。規制なら具体的な法令やガイドラインのどこを直すべきか、予算であれば、改善すべきは、予算の対象者なのか、それとも対象事業なのかなど、具体的に何をすべきかを理解した上で官僚や政治家とのコミュニケーションに臨むことが重要です（図表３・１）。

第4章

政策が大きく動くとき

政策決定の二つの型

政策決定には、トップダウン型とボトムアップ型があります。

トップダウン型の代表は官邸による指示で進む政策です。官邸の中枢にいる首相や官房長官が「この政策を実現する」というメッセージを発すると、各省庁はその政策の実現に向けて動き出します。特に社会から関心を持たれている話題であったり、官邸が重視している施策の場合はこのトップダウン型の政策決定が行われることがあります。

例えば、コロナ禍への対策として、安倍首相が二〇二〇年四月一日の新型コロナウイルス感染症対策本部で「布マスクを全世帯に配布する」と発表したことがありました（通称、アベノマスク）。また、安倍首相が二〇一七年九月二五日の経済財政諮問会議で、消費税を一〇％に上げた際の使い道について、幼児教育無償化の財源に充てると発表したこともありました。これらがトップダウン型の典型です。

布マスクを配布する／しないの判断や、消費税を幼児教育に使う／安全保障に使うなどの判断は、どれが正しいかは一概にはいえません。予算をどの政策課題に優先的に配分するかは、最終的には国民から選ばれた政治家の価値判断に委ねられます。

ボトムアップ型の代表は、その政策を担当する官僚が立案する政策です。制度を熟知する官僚が制度改善の必要性を感じ、各省庁幹部、最終的には大臣の了承を得て実現します。国民全体の関心事と言えるほど広範囲に影響が出るものではないものや、専門性の高い分野に関する施策であったりする場合は、このボトムアップ型の政策決定が行われることがよくあります。

トップダウン型、ボトムアップ型のどちらであっても、最終的には大臣（総理大臣や各省の大臣）の意思決定が必要になるわけですが、その発端が政治家である大臣なのか、公務員である官僚なのか、という違いがあります。

なぜ政策実現の「変数」を押さえる必要があるのか？

トップダウン型、ボトムアップ型のどちらであっても、大臣などの政治家や官僚が一人で新しい政策の発想を得て、その実現に動き出すわけではありません。いろんな人の意見を聞いたり、現場を見たり、関係者から要望をうけたりすることで制度改善への着想を得るわけです。

このことを踏まえると、政策提案を実現するためには、トップダウン型の場合は官邸中枢（や各省の大臣）、ボトムアップ型の場合は官僚に提案を受け入れられる必要があります。

とはいえ、世の中には、あまたの政策課題があります。政治家や官僚はどの課題を優先して解決するかについて、様々な「変数」を考慮して判断しています。

このあと詳しく説明しますが、変数になりうるものとして、政府での役職を得ていない与党の政治家★からの政策提案だったり、国会での野党議員からの追及や世論の盛り上がり、また裁判の結果などがあります。様々な変数を考慮した上で、優先して解決すべき課題を決定するのが、政治家や官僚です。

なぜこれらの変数を知らなければいけないかというと、実現できる政策には限りがあるからです。

まずは、時間的な制約があります。

日本の国会は会期制をとっています。例えば法律であれば、会期中に成立しなかった法案は廃案になるか、継続審議になってしまいます。また、各省で法案作成に関わる人員にも限りがあります。そのため、通常一月から六月まで開かれる国会に提出される法案の本数にはおのずから制限があります。一省庁あたりならば、大体五、六本の法案がせいぜいでしょう。

★ 総理大臣をはじめとして大臣、副大臣、政務官などの政府の役職を与えられた国会議員は政府の一員として、各省庁の政策を推進するのが仕事です。したがって、与党議員としての役割は薄まり官僚を従えた行政組織のトップとしての色合いが濃くなります。つまり、自分の支持者のことだけでなく、公平に全体を考えることが求められます。一方、政府の役職についていない国会議員は、自民党内の役職につくなどして、与党としての活動を行います。このような与党議員は、政府内で役職を得ている国会議員にくらべると、地元や支持者の意向に沿った提言を行うことも比較的自由にできます。

さらに、金銭的な制約もあります。

長く経済的に停滞しているにもかかわらず、高齢化により出費しなければいけない事項が増えている日本では、予算の増額は厳しく管理されています。財務省も、来年度の概算予算要求を行う各省庁に対し、「年金・医療などの予算については、高齢化による予算増加を踏まえた範囲とすること」というふうに、一定の基準に予算の提案内容がおさまるよう求めます。

このように様々な制約がある中で、政策を実現するためには、政治家や官僚に「これは優先して解決すべき課題だ」と認識させ、政策の優先順位を上げることが重要なのです。

政策実現の六つの変数

すべての政策を実現できるわけでないこと、政策の優先順位づけに変数が大きく関わることを説明してきました。この政策実現の変数には、以下のようなものが含まれます[1]。

新しい組織の成立

例えば、政府内に新しい省庁や部署ができることは、政策の優先順位が高まる変数の一つです。新しい組織が政府にできることについて「単なる看板のかけ替えだ」「やってるふりだ」

などと、冷ややかな目で見る人も多いですが、決してそんなことはありません。新しい組織ができるということは、その組織が関係する政策を前に進めるという政権の意思表示です。予算増や法案提出に加えて、役所内の人員体制もあつくなります。政府の肝入りの政策を実現する組織なので、各省庁から優秀な人材が送りこまれます。さらに、新しい政府の会議が立ち上がることもあります。

新しい予算も人員もつくので、これまでだったら「良い案だけど、予算がないんだよね……」と言われてしまうようなものも認められる可能性が大きく高まります。

【参考】新しい組織の成立が政策につながった事例

二〇二三年四月に立ち上がったこども家庭庁は、厚労省や文科省など、こども政策に関わる関係省庁とも連携する、まさにこども政策の指令塔です。

設立に合わせて、これまでなかった政策も実現される方向です。学校や保育施設で働くときに、わいせつ行為など性犯罪を行った経歴がないかの確認を求める制度（日本版DBS）は、二〇二四年に法律となりました。こどもの死亡を一元的に分析し、将来同じようなことが起きないように予防策を検討する仕組み（CDR）、困っているこども

（やその親）が役所に来ないと支援を受けられない仕組みではなく、行政側からそのようなこどもに接触する仕組み（プッシュ型支援）にするためのデジタル基盤整備なども新規に予算が配分されることになりました。

マニフェスト（選挙公約・総裁選公約）、総理発言に基づく官邸の強い意向

内閣のトップである総理大臣など官邸からの指示は、何よりも強い政策の変数です。政策をつくる主体は官僚機構であり、その官僚機構のトップは総理大臣です。その総理大臣が実現に強い意思を持っている政策は、選挙に負けたり、与党内の力関係で総理の座から引きずり降ろされたりするリスクがよほど高まらない限り実現されると考えてよいでしょう。

マニフェストや党のトップを決める組織内の選挙、自民党でいう総裁選での公約などは政策実現を強く推進する変数になります。これらはいわば対外的に党や将来の総理大臣が実現することを約束するものです。これらの政策を実行しないことは、国民や党員・議員に対する約束違反になり、総理大臣や党への信頼を損ないます。

二〇〇九年から二〇一二年までの間、政権与党であった民主党は、二〇〇九年のマニフェスト

で、年三一・二万円の子ども手当の創設やガソリン税などの暫定税率の廃止を掲げ、その財源は行政の効率化や埋蔵金の活用などにより、増税せずにねん出するとしていました。[2]しかし、行政効率化では思ったほどに財源を確保できず、二〇一二年一〇月に民主党が行ったマニフェストの検証では、実現したのは約三割と結論付けられました。[3]その後二〇一二年一二月に行われた衆院選で民主党は自民党に大敗し、政権の座から滑り落ちています。わずか三年間で終わった民主党政権はマニフェスト違反が信頼を損ねた典型的な事例といえるでしょう。

そのため、政治家は対外的に示した政策はできるだけ実現しようとします。将来実現すべき政策として政権与党や政権の中枢にいる政治家が意思表示した場合には、その政策の実現可能性はかなり高いと思ってよいでしょう。なお、似たようなパターンとして、各省大臣による発言もあります。

【参考】総理大臣の意思表示が政策につながった事例

例えば、二〇二二年四月から始まった不妊治療の保険適用の拡大は、総理大臣の強い意思のもと実現されたケースです。二〇二〇年九月、安倍総理の退陣後の自民党総裁選に立候補した菅義偉議員は、不妊治療への保険適用を拡大することを公約として掲げます。菅議員が総理に選ばれた後につくられた二〇二〇年一二月の成長戦略では「不妊治療への保険適用を早急に実現」「本年末に工程を明らかに」などの文言が掲げられ[4]、二〇二二年四月からの実施が決定されました。

司法の判断

政府が裁判で、政策の憲法違反、法律違反を認定されるような場合も、政策の優先順位を上げる変数になります。国が裁判に負けるケースは少ないですが、時々国のルールや方針をくつがえす司法の判断が下されることもあります。このように、政府の政策に疑問符を呈する司法の判断があった場合、それを踏まえた制度改正を行うことが通例です。国が裁判で負けるケースの場合、最終的な判決の前にも報道などで、裁判の内容や見通しが発信されることが多いので、政策が動くタイミングを事前に予測することもできます。

【参考】裁判の結果で政策が変わった事例

二〇一三年に実現した医薬品のインターネット販売解禁に関する法改正は司法の判断が政策に反映された事例です。

薬局で買える医薬品（ＯＴＣ）は、副作用のリスクなどを考慮して一類、二類、三類と分類されています。そして、医薬品のネット販売については、厚生労働省が省令（法律、政令の下に位置する法令）で、使用に当たって専門家の管理下に置く必要性が比較的薄い三類のみをインターネットで販売してもいい、としていました。

これについて争われた裁判で、二〇一三年一月、最高裁は、厚労省のインターネット販売に関する決まりは法律違反である、と判断しました。[5] 少し専門的ですが、法律ではインターネット販売の規制が規定されていないのに、その下に位置する省令で規制することは法律の委任の範囲を超えて、違法であるという判断でした。

これを受けて、同年六月に策定された成長戦略に一般用医薬品のインターネット販売を認めることが明記され、[6] 二〇一三年一二月に法改正が行われました。

社会的に重大な事件・事故の発生

世の中を騒がせる事件や事故の発生が政策を前に進めることもあります。

二〇二〇年頃であれば、新型コロナウイルスの流行やロシアとウクライナの戦争がその変数に該当します。この頃、海外で流通している新型コロナウイルス用ワクチンが日本でなかなか流通しなかったことが大きくマスコミで報道されたり、また、戦争により、日本であまり生産されていない物資が手に入りにくくなるといったことも起こりました。

結果として、新しい医薬品が国内でも早期に流通するように、臨床試験の一部をスキップする緊急承認の制度がつくられましたし、有事の際にも重要な物資を日本が安定的に確保できるようにするための経済安全保障推進法も成立しました。

コロナ禍もウクライナでの戦争もそうですが、大きな事件は国民の不安や怒りのもとになります。「政府は何をしているんだ」という国民の声に総理がうまく対応できない場合、選挙で負ける原因にもなりますし、場合によっては与党内の議員から総理交代論が出て、政権を維持できなくなる可能性もあります。

事件の発生は政権の安定的運営のリスクとなるため、それに対応する政策の優先順位を上げる変数となるのです。

【参考】事件・事故が政策を変えた事例

二〇一九年六月、児童福祉法などが改正され、虐待を受けている子どもの保護のために児童相談所の体制強化や設置の促進の仕組みが導入されました。

この法改正のきっかけとなったのは、二〇一八年三月に東京都目黒区で五歳の女の子が虐待死したことです。しつけと称して冬のベランダにはだしで放置されるなどの虐待を受けた結果、死亡に至ったことなどが明らかになりました。その後、二〇一九年一月には、千葉県野田市で小学四年の女の子が虐待死した事件が発生し、世論はさらに盛り上がりました。

二〇一六年と二〇一七年にも虐待対策を強化する法律改正が行われたばかりだったのですが、二〇一八年以降、世論の盛り上がりを重視する形で、二〇一九年にもさらに法改正が行われました。そして、法改正だけでなく児童保護のための予算の上乗せや計画の策定等が行われました。

議連などの関与

国会議員のグループによる意思表示も、政策の変数といってよいでしょう。政府の役職を得ていない国会議員が政策に関与する手段の一つとして国会議員同士でグループをつくり、特定の政策課題について政府に提言を出すやり方があります。このグループを議連と呼びます。

議連は、成長戦略や骨太の方針（詳しくは第八章）策定の直前の五月頃や、年度途中に急遽補正予算が組まれる時など、政策の節目のタイミングで提言を政府に対して出すことがあります。それを受け取るのは、官邸の政治家（総理大臣や官房長官など）や各省の大臣です。特に与党議員が構成している議連の提言は大臣も考慮します。官僚も、自分たちのつくった政策を実現するためには、与党議員の賛成が必要であることもあり、与党議員の提案は丁寧に取り扱います。

総理の意思表示は、会社の社長が意思決定したのと同じです。意思決定ルートの頂点からのいわば、指示です。議連の提言は、企業で言うと社外取締役からの提案に似ているかもしれません。意思決定ルートのど真ん中には乗っていませんが、会社はその提案を尊重するのが通常でしょう。

【参考】議連の提言が政策につながった事例

自民党議員が二〇二〇年八月に設立したこども宅食推進議連の提言で、政府備蓄米のこども宅食への無償提供の上限引き上げが実現しています。こども宅食とは、経済状況が食生活に影響する家庭の子どもに継続的に食材などを提供し、見守りながら必要な支援につなげることを目的とした活動です。

自民党の木村弥生議員や稲田朋美議員など、後に議連を設立するメンバーが、東京都特別区やＮＰＯ法人フローレンスなどが実施するこども宅食プロジェクトの活動を視察し、その必要性を理解したことが議連設立につながりました。

政府備蓄米の無償提供の上限引き上げは、フローレンスが以前から提案していた内容です。議連がその内容も踏まえて議論を行い、農水省に提言を行った結果、政策が実現した形です。

見直し規定の存在

法律や政府の計画では、「この法律（計画）は施行してから〇年後を目途に見直す」といった記述がよく見られます。これも政策実現の変数になります。

どんな政策でも何年か経てば、何かしら見直すべき箇所が出てくるものです。でも、その見直すべき箇所が出てきても、きっかけがなく、制度をなかなか変えられないということになっては困ります。そのようなことがないように、あらかじめ制度を見直すことをルールとして決めておくのが、この「見直し規定」です。政策を取り巻く環境が数年で大きく変わりうるようなイシューのときは、この規定が入っていることが比較的多い印象です。

二〇一九年の臨時国会で成立した改正薬機法などはこのケースです。二〇一三年の改正法の際に、法律の施行後五年を目途に制度改正を検討することを法律の附則に入れていたことが政策実現のきっかけになりました。

このような規定があれば、見直しのタイミングがいつ来るかが明確に分かりますが、逆にそれを逃してしまうと、次のタイミングはまた五年後になってしまうという危険性もあります。

第5章
官僚の得意分野とは

あなたはとあるＮＰＯ法人の理事長をしています。「官僚には力がない。官邸主導のもと政治家が政策実現の中心だ」と考えているので、役所の担当課とのコミュニケーションはとらず、もっぱら政治家との接触を行っていました……。

あなたはとある製薬企業の政府渉外をしています。「政治家は落選する可能性もあるし、大臣も何年かですぐ交代する。政策を決めているのは官僚だ」と考えているので、政治家とのコミュニケーションはとらず、役所の担当者との接触を行っていました……。

このふたつはいずれも架空の話ですが、このように「官僚は〇〇だから政策実現に関われない」「政治家は〇〇だから政策に影響力がない」といった認識を持っている人は意外と多いです。しかしながらこのような考え方は、どちらも政策の一面だけをとらえた極端なものといえます。官僚や政治家は、「それぞれ得意なこと、できることが違う」と考えるのが一番自然といえるでしょう。

それぞれ力を発揮できる場面が違うのですから、政策を前に進めるためには彼らの違いを正しく理解することが重要です。この章では政治家と官僚を対比しつつ、官僚の特徴を中心に解説していきます。

大方針を示す／詳細を考える

第一章で説明した日本の政策づくりのフローに、政策実現の変数を加えると以下のようになります。

（１）政策実現の変数を踏まえて、政府が課題解決の意思決定
（２）官僚が政策案を作成
（３）政府会議で意見集約
（４）与党部会での議論（事前審査制）
（５）国会での審議・採決・成立
（６）政策の実行

官僚が主導権を発揮できるタイミング――制度の詳細設計や関係者の合意形成

このうち、官僚が主に主導権を発揮できるのは、

（２）官僚が政策案を作成

（3）政府会議で意見集約

の部分です。

つまり、官僚の得意分野は、政策の細部の設計と関係者の利害調整ということです。

男性の育児休業取得状況が芳しくない、という課題を例にします。育児休業取得率を一〇〇％にする、といった大方針を示すのは政権中枢の政治家ですが、官僚はそれを実現するための制度改正の詳細を考えます。

政策の細部の設計とは、例えば育児休業を取得できる日数や対象期間、その手続きの方法、企業が個別の労働者に行うべき制度周知の方法、企業ごとの取得率の公表の方法やその対象企業の範囲などといった実務的なことです。

これらの内容を官僚が独断で決めるわけではありません。大学教授や企業や労働組合などの有識者を集めた政府会議を開催し、様々な立場の意見を踏まえながら、政策を詳細化します。

制度に関係する利害関係者の合意を取り付けるのも官僚の仕事です。

政府会議に集められる人たちは、それぞれが異なる立場から官僚が提示した政策のたたき台に意見を述べることになるので、時に意見が対立する場合もあります。政府会議は全会一致が原則なので、意見の対立があるままでは、政府の政策案を決定することは基本的にはできません。

そのような場合に、どの会議出席者も「まあこれならいいだろう」と納得するような改善案を考え、すべての出席者の理解を取り付ける仕事も官僚の業務の一部なのです。

このように官僚は、制度の細部の設計や関係者の合意形成の場面で力を発揮できますが、政策の優先順位を上げることは、官僚が苦手とするところ（これは後で説明する与党国会議員などが主導）ですし、法律などの政府案を国会に提出する際には、与党の事前審査で了承を得ることが必要ですから、最終的な政策の意思決定を官僚が行うことはできません。

価値観の違い

このように、政治家と官僚はそれぞれ役割が違いますが、加えて、彼らのバックグラウンドも大きく違います。それが彼らの価値観にも影響を与えているので、政策に関わるのであれば押さえておくべきポイントの一つです。

時間感覚の違い

政治家は他の職業と比べると、とても失業のリスクの高い仕事です。衆議院議員の任期は四年で、途中解散もありえます（参議院は六年、解散なし）。衆議院の場合最長でも四年ごとに国民の審判を受けることになるわけです。

二〇〇〇年前後からの選挙制度改革や社会の変化により、候補者個人よりも党の影響が強まってはいますが、それでも候補者個人の魅力は少なからず投票行動に影響を与えます。「その政治家が何をしてくれたか」も重要なポイントとなるということです。

したがって、政治家には次回の選挙でもまた国民から選んでもらえるよう、短期的な成果を追求するインセンティブが存在しています。つまり、政治家は「今」の国民の困りごとや社会の「雰囲気」を重視するのです。

一方の官僚は長期的な観点を重視する傾向があります。

官僚は試験で選ばれます。就職するのはそれなりに難しいですが、法に触れるようなことさえなければ、クビになることはほぼないといっていいでしょう。省庁のトップである大臣は政治家が務めますが、政策のプロとして、政策を考え、大臣に提案し、実行に移すことができます。

大学を卒業してから定年まで退職しなければ四〇年近く、その省庁が担当する政策について考え続けることができます。官僚はずっと同じ政策領域を担当するので、新しい政策をつくるときには過去の経緯も意識します。つくるだけでなく、その政策が間違いなくうまく回るかどうかも大事になってきます。これまでの経緯（過去）や政策の安定運用（未来）の観点を官僚はとても気にするのです。

数年に一度選挙のある政治家と比較すると、物事を考えるタイムスパンが長いのが官僚の特徴なのです。★

守備範囲の違い

物事を考える時間軸とも関連しますが、政治家と官僚では政策の掘り下げ方も変わってきます。

政治家の場合、与党内で政策を議論する場である部会や国会の委員会に参加したり、政府内で役職を得たりする経験の蓄積で、得意な政策分野ができることはありますが、基本的には広範囲の政策をカバーしなくてはいけません。

子育て政策に関心がある政治家だとしても、選挙区にはそれよりも農業や観光政策などにもっと力を入れてほしいと考える住民もいるかもしれません。その人たちの困りごともフォローしなくてはならないでしょう。政治家がカバーしなくてはいけない政策は、端的に言ってしまえば、「すべて」です。

★　筆者が役所にいた時、上司から次のように助言されたことがあります。「政策を大きく動かす機会は、10年に１度あるかないか。そのチャンスが来たときに、いい政策を政治に提案できるように普段から準備をしておきなさい」。官僚の時間軸への考え方がよく表れているのではないでしょうか。

官僚の場合、採用された時点で担当する政策がある程度決まっています。官僚は省庁ごとに採用され、ある政策分野の専門家として育成されるため、厚労省に採用された人は、基本的には農業や防衛に関する政策は担当しません。

もちろん一時的に他省庁に出向するようなことはありますし、官邸に近い仕事をするようになれば他の省庁の分野を含めた広い分野の政策を担当することもあります。しかしこの場合も、元の省庁における専門性の発揮を期待されているポストがほとんどです。

退職するまでの数十年間、基本的にその省庁の仕事に集中することになりますし、さらに、その省内でも昇進を続けながら特定の部署に数年ごとに戻ってくる人もいます。特定の政策に詳しくなるのが官僚の特徴です。

追求する利益の違い

官僚は、みんなのため、社会のためという意識が特に強いことが特徴です。人事院が新規採用者に行う調査によると、七割近くが「公共のために仕事ができる」ことを志望理由として挙げています。[1] 就職の時点で、公共心の強い人材が集まっているのです。

また、政策は税金などを元手に実施されるので、政策の対象者以外の広い国民のことを意識せざるを得ません。

例えば、保育政策のように子どもと子育て世代がターゲットの政策であったとしても、全国民から集めた税金が使われます。できるだけ多くの国民の理解を得なければ政策は実現しないので、官僚は公平性を強く重視します。

一方の政治家は、もちろん社会全体の利益を追求するのですが、特定の団体や集団などの支持者の考えや利益を主張することが、官僚に比べるとかなり許容されます。

政治家が数年に一回、選挙で失職の危機を迎えることはすでに説明しました。次の選挙でも当選するためには、支持者のために働いたことを示すこと、新しい支持者を増やすことが必要になります。政治家はこの政策を実現すると誰にメリットがあるか、その対象者はどれくらいかといったことを強く意識せざるを得ないのです。

官僚に政策のアイデアを共有するときのポイント

これまで説明したような官僚と政治家の違いを意識しつつ、政策をつくる際に官僚が何を意識するのかを見ていきましょう。官僚が意識することを理解して、政策のアイデアを練ることができれば、官僚にも共感してもらいやすくなります。

みんなのため、社会のため

まず、意識するのはみんなのため、社会のための政策であるかです。できるだけ多くの人の意見として政策のアイデアが持ち上がっていることは、その判断材料の一つです。業界団体の意見や、多くの賛同が集まった署名もその助けになります。

前例

官僚は過去実現された政策との類似性を意識します。なぜなら予算をどの主体（自治体、法人等）に配分するかなどについて、まったく新しい仕組みを提案する場合は実現のハードルが上がるからです。

予算についてであれば、その提案する省庁における予算事業の前例を調べて、「同じような仕組みがある」と主張するのは「新しいことを始めるのではない、すでに前例がある」ことを示す一つの方法です。

具体的にはこのようなやり方です。

コロナ禍において健康上のリスクの高い高齢者の健康診断受診に、何らかの補助予算をつけるべきというアイデアがあったとします。その場合、別のカテゴリーの人たちに同じような補助予算がつけられている前例がないかを探してみます。すると令和二年（二〇二〇年）第三次補正予算によさそうな前例が見つかりました。図表5・1の資料はコロナ禍において外出を避けている妊産婦や幼児に対するオンライン保健指導などの費用を補助する予算を示したものです。

幼児や妊産婦と同様に高齢者もコロナ禍においては支援の必要性が高いので、この前例は応用できそうです。

そうすると、図表5・1の中段あたりの記述に着目して、「妊産婦と幼児のオンライン保健指導や健診を対象に国が半分補助を行う仕組みがあるので、同じような仕組みを高齢者向けにもつくる」という新しい（けれど前例もある）政策が考えられます。

政策変更は社会的合意をやり直すことに他なりません。他の分野で同じような仕組みがあれば、関係者の説得のコストが劇的に下がるのです。

図表5・1　前例をうまく活用する

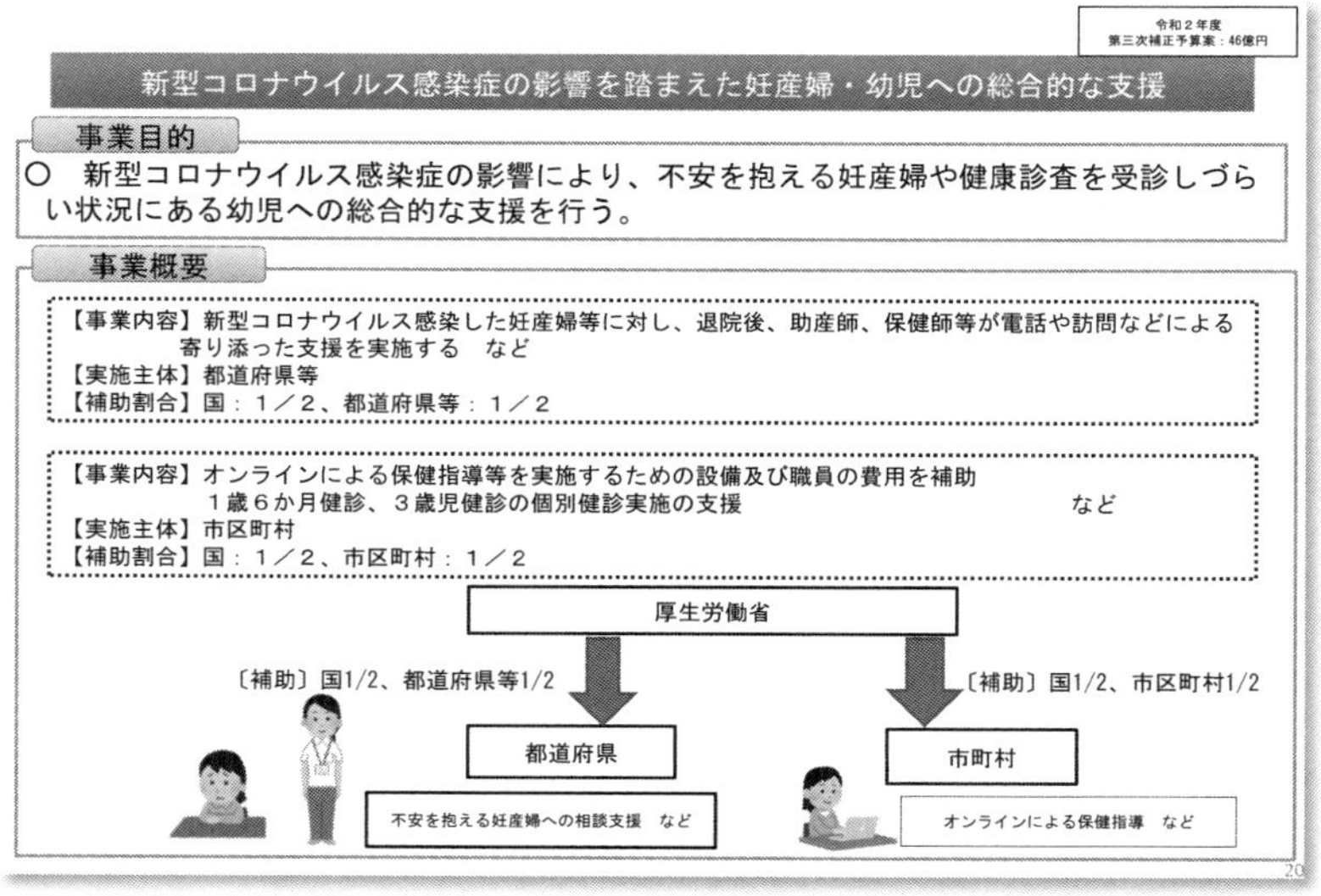

出典：厚生労働省「令和2年度 厚生労働省第三次補正予算案（参考資料）」
https://www.mhlw.go.jp/wp/yosan/yosan/20hosei/dl/20201221_01.pdf

必要性の根拠

なぜ今必要になっているのかの論理的説明も政策づくりに重要な要素です。エビデンス、署名に裏打ちされた今必要な理由（政策変更すべき研究結果が出た、社会のニーズが高まっている）は、過去の社会的合意をやり直す必要性を関係者に理解してもらうために重要です。

過去にも議論されたことがあるアイデアで政策実施に至っていないものについて、国会議事録や政府の会議資料を調べると、その理由が分かったりします。もし改めて議論の俎上に載せるならば、その理由の妥当性が薄れていることなどが必要です。技術の進歩、社会のニーズの変化など色々な要素が考えられます。

他の政策との関係

国が何らかの課題に対して何もやっていないということは、ほぼありません。何らかの政策を行っているが、必要な人にうまく政策が届いていない／不十分であるということが多いです。その場合は、同じような目的を持った政策がすでにあるにもかかわらず、なぜ新しい提案を実現しなければならないかの理由が必要です。

【参考】既存の政策を強化した事例

二〇二一年に育児休業に関する法律が改正されたことはすでに触れました。この法改正は男性の育児休業がより促進されることを目指して行われたものですが、それまで政府が何もしていなかったわけではありません。

男性でも育児休業は取得できましたし、従業員の仕事と家庭の両立をサポートしている企業に対する認定の仕組み、「くるみん認定制度」もありました。

それでも女性の育児休業取得率が八〇%を超えているのに、男性はたったの七%（二〇一九年。政府は二〇二〇年までに一三%の目標設定）という状況でした[2]。

これはつまり、男性育休促進のための政策はあるけれど、その政策目的である「男性の育児休業取得率一三%」がうまく達成されていない、ということになります。

二〇二一年の法律の改正では、これまでの制度のもとでは何が足りなかったかも議論され、

①制度の周知がある場合は育児休業取得割合が高いこと、男性の場合は会社から育児休業の取得についての働きかけがないものが過半数であること

②これまでは「くるみん認定制度」により、優良な企業だけが可視化される仕組みになっていたこと

③休業取得の申出期限が一か月前であることが、取得の妨げになっていること

などが政府の調査などで明らかになりました。[3]

それを踏まえ、二〇二一年の育児休業に関する法律の改正では、

• 育児休業に関する制度を会社が労働者に個別に周知する措置の義務付け（企業からの働きかけを強化、①に対応）

• 一〇〇〇人以上を雇用する企業に対する育児休業の取得状況公表の義務付け（取組に消極的な企業も可視化する仕組みに、②に対応）

• 休業取得の申出期限を二週間前にする（より労働者に配慮した仕組み、③に対応）

などが新たに導入されています。

予算

予算が必要な政策の場合、各省庁の担当者には財務省との交渉に備えて、どれくらいの予算規模を想定しているのか、その想定される予算規模をはじき出した根拠も精査することが求められます。

また、官僚が気にするポイントとして、「他の政策にハネない（影響しない）か」というものがあります。例えば、新しい政策を実現した場合、同じような困りごとを抱えている人が次から次へと出てくるようなことがあると、予算が想定以上に膨らんでしまいます。一般的には、他の政策に影響しないような政策の方が実現の可能性が高まります。

利害関係者

その政策を実現することによって、不利益を被る人は誰で、どれくらいいるかについて注意を払うことも政策づくりには必要です。利益を得る人にばかり着目し、不利益を被る人に配慮しないのはバランスを逸しています。

官僚が制度の詳細を詰める際には、不利益を被る人への配慮も行うことになるので、そこも踏まえられると、良い政策になります。

【参考】制度変更で不利益が生じる人への配慮の事例

二〇二一年の育児・介護休業法改正では、「育児休業に関する制度を会社が労働者に個別に周知する措置の義務付け」が追加されています。

この制度により不利益を被る利害関係者は、個別周知の義務付けをされた企業です。この法改正の議論では政府会議の一つである労働政策審議会雇用環境・均等分科会が議論を取りまとめています。取りまとめの中では、

個別労働者への周知の方法としては、中小企業にも配慮し、面談での制度説明、書面等による制度の情報提供等の複数の選択肢からいずれかを選択することとすることが適当である。

特に中小企業においては育児休業等取得に伴う代替要員の確保等の負担が大きいことから、派遣等による代替要員確保や業務体制の整備等に関する事業主の取組への支援や、ハローワークにおける代替要員確保のための求人に対する積極的な支援を行う

ことが適当である。

といった記載が見受けられます。[4] 大企業に比べて社内の制度整備にコストをかけづらい中小企業に配慮した議論といえるでしょう。

ここまで、政治家と対比しつつ、官僚がどのタイミングで影響力を持っているのか、そしてどのような価値観を持って政策づくりに臨んでいるのかを説明してきました。相手が何を大切にしているのかを知っているか否かは、政策提案の実現を大きく左右します。次の章では、政策決定プロセスにおける重要なアクター、政治家について詳しく見ていきましょう。

第6章
政治家の三つの立場

同じ政治家でも違いがある

前章では、政治家と官僚の違いを詳しく解説しましたが、政治家もそれぞれ立場によって特徴があります。

ここでは政治家を①政府の役職（総理大臣、官房長官、各省の大臣、副大臣、政務官など）についている与党政治家（この章では「政府内与党政治家」）と、②それ以外の与党政治家（この章では「政府外与党政治家」）、そして③野党政治家の三種類に分け、彼らができることや役割、力を発揮できる場面について解説していきます。

二種類の与党政治家

この本では日本の政策づくりのフローを以下のように説明しています。

（1）政策実現の変数を踏まえて、政府が課題解決の意思決定

（2）官僚が政策案を作成

（3）政府会議で意見集約

（４）与党部会での議論（事前審査制）
（５）国会での審議・採決・成立
（６）政策の実行

政府内与党政治家の場合は、

（１）政策実現の変数を踏まえて、政府が課題解決の意思決定
（２）官僚が政策案を作成
（３）政府会議で意見集約

の部分で特に強く力を発揮します。

官僚機構のトップとして、トップダウンで課題解決の意思決定を行うこともできますし、官僚がつくった政策のたたき台について、政府会議の取りまとめを行う前に修正を指示することもできます。政府の政策案に大きく影響を及ぼせるのが、政府内与党政治家の特徴です。

一方の政府外与党政治家は、

（1）政策実現の変数を踏まえて、政府が課題解決の意思決定
（4）与党部会での議論　（事前審査制）
の部分で特にその力を発揮します。

政策実現の変数として「議連などの関与」をあげましたが、これは特に政府外与党政治家が中心となって活用します。議連で議論した政策提言を政府内与党政治家に手渡すことで、政策の優先順位を上げるものです。政府は、毎年六月に今後の政府戦略の方向性を定める骨太の方針や成長戦略をまとめますが、その際にはこれらの政策提言の内容も考慮することになります。

【参考】議連が力を発揮したフェムテック

「はじめに」でも触れましたが、生理、不妊、妊娠、更年期の症状等これまであまり注目されてこなかった女性の悩みを解決するフェムテックは、メディアでも頻繁に取り上げられるようになってきました。でも、新しいジャンルの製品ということもあり、取り

扱いが制度上不明確であるという課題がありました。

そのような事業者や当事者の悩みを拾い上げたのが自民党の国会議員でした。宮路拓馬議員や野田聖子議員らは自民党議員有志による「フェムテック振興議員連盟」を二〇二〇年一〇月に立ち上げ、関係事業者との議論を始めます。そして二〇二一年三月に議連としての提言をまとめ、加藤官房長官をはじめとした閣僚等に申し入れを行いました。

この提言を受け、政府は骨太の方針でフェムテックの推進を表明。また、フェムテック製品の法律上の位置づけを確認するためのワーキンググループが、厚生労働省・事業者・業界団体によって二〇二一年六月から開催されています[1]。

官邸にいる政治家は与党の政治家であることが通常です。与党の政治家としての官邸とのネットワークを生かして、骨太の方針も活用しながら政策を推進した事例です。


また、官僚機構が作成した政府としての政策案に対し、与党部会において意見を述べることでその内容を修正させることができます（事前審査制）。予算案や法律案などが国会に提出される前は政府外与党政治家と連携するタイミングの一つと言えるでしょう。

さらに政府への個別の問い合わせも、与党政治家が政策の優先順位を上げるために使える手段です。現状の政策決定プロセスにおいては、与党部会における政府外与党政治家の合意が不可欠になっているので、与党議員が個別に政府に問い合わせを行った場合、官僚はその意見について最大限注意を払うためです。

このように政府外与党政治家は政府に政策について検討するよう求めることはできますが、あくまで政策案を作成するのは官僚であり、官僚は政府内与党政治家の方針・指示に従って業務を進めます。なので、政府外与党政治家の提案を政府として行うべきではないと政府内与党政治家や官僚が判断すれば、政府外与党政治家が求める政策は実現されません。

政府外与党政治家は政策案の提案により政策実現の可能性を上げることはできるものの、実際に政策を実現する意思決定に関わったり政府内の政策検討の主体になったりすることは難しいといえます。ただし、例外的に政府外与党政治家が政策の中身の検討に早い段階から関わるものもあります。

例えば税制改正については与党内のプロセスがかなりシステマチックに構築され、与党での検討と政府での検討が同時並行で進む仕組みとなっています。

また、法案の場合でも、まとめるに当たって意見が割れそうな難しい政策課題の場合は、政府会議と並行して、与党内でそのテーマを議論するための特別な会議を定期的に開いて議論を続けるケースもあります。

野党の役割とは何か

一方、野党政治家が政策をつくる過程で主にできることは、以下の二点に収斂します。

課題や論点を示す（国会質疑）

政府外与党政治家は事前審査で、政府の案を修正させることができますが、この事前審査には二つ課題があります。

一つは議論が外部に見えにくいこと。

事前審査が行われる与党の部会は、基本的に公開されないので、政府外与党政治家の意見によって政府案が修正されたとしても、国民にそのプロセスや理由が見えにくい状況があります。

もう一つは、国会での議論が活性化しないこと。

政府外与党政治家には事前審査という特権があるかわりに、国会に提出された法案に反対しないという党議拘束がかかります。そのため、国会での質疑も法案に賛成の立場から行います。

政府案の課題について与党から厳しく指摘するような質問はできないのです。

この政府外与党政治家が果たすことができない役割を担うのが、野党政治家です。

政府が国会に提出した法案や予算について、議論すべき点を提示することで、野党政治家は政府の見解をただし、国民（やメディア）にその法案の是非を考えてもらうきっかけを与えることができます。

与党と強い関係がある人たちや団体は、与党の政治家と接触することで彼らにとって望ましい政策を提案することができます。

でも世の中には、官僚や与党とつながりがない人たちも大勢います。そのような人たちの声を聞かないまま政策を実現してしまうと、特定の人たちにとって不利益となる制度が出来上がりかねません。与党が拾えない声を政府に届ける、という役割を野党政治家は担っているのです。

政策の修正（主意書、国会質疑、日程闘争）

さらに一歩進んで、野党政治家は政府の政策を変更させることもできます。政府側も納得し、痛いところをつかれたなと思うような質疑であれば、後日政府案が修正されることはあります。★政府側も受け入れやすい提案、つまり受け入れないと多くの人の批判を受けてしまう可能性の

★ 私が経験したケースですが、国会で野党政治家の質問を受けた大臣が、質疑後、「さっきの質問の件、検討した方がいいな」と官僚に指示を出し、後日政策が変更されたことがありました。質問をした野党政治家も「○○大臣は僕の意見は結構聞いてくれるんだよね」と話してくれたのが印象に残っています。

あるものについては、野党の意見が受け入れられることもあります。ただし、政府・与党と野党が対立するような政策の場合、野党の意見を受け入れた修正がされる可能性は極めて低いです。その場合何もせずにいると、多数決で政府・与党の政策が実現されることになるため、野党側も徹底抗戦します。その手段の一つが国会の日程闘争です。

法案をどの委員会で審議するか、いつ本会議で審議するかは、与野党の調整によって決まります。主戦場は、与野党の国会対策委員会、衆議院・参議院の議院運営委員会、そして実際に法案を審議する各委員会の理事会です。日本では、通常国会は一五〇日間など、国会の会期に期限があるため、その会期中に成立しない法律については何もしなければ廃案になる仕組みが採用されています。

野党はこの仕組みを活用し、成立させたくない法案については、審議を長引かせて廃案に追い込もうとするのです。理由をつけて野党が審議拒否をして国会のスケジュールを遅らせる背景にはこういう事情もあります。

政府・与党は、世論がどの程度強く政府案に反対しているかを観察し、強引に採決することが政権の支持率低下につながると判断するような場合には、採決をあきらめることがあります。採決をあきらめるにせよ、修正協議にせよ、与野党の駆け引きは常に世論の動向を注視しながら行われています。

野党が力を発揮することができるのは、主に国会会期中、政府の予算案や法律案が国会に提出された後です。与党の政治家が国会提出前に力を発揮するのとは対照的です。

【参考】野党政治家が政策に影響を与えた事例

野党の政治家が力を発揮した事例を二つあげます。一つは入管法改正の阻止です。

政府は二〇二一年、出入国在留管理庁の収容施設に長期収容される外国人が存在する問題などを解決するため、一定の条件が認められる場合、在留資格のない外国人を迅速に日本から退去させることなどを盛り込んだ入管法改正案を国会に提出しました。

これに対し、野党は無期限に外国人を収容する施設のあり方や収容の必要性や合理性に疑問があるとして法案に反対。

その最中、入管に収監されていた女性が死亡しましたが、適切な治療が行われていなかったのではないか、といった疑念が噴出し、メディアも大きく取り上げる事態となりました。世論の盛り上がりも考慮し、政府は法案の成立を断念せざるを得なくなりました。

二つめは待機児童問題です。二〇一六年二月、野党だった民主党の山尾志桜里議員が、「保育園落ちた日本死ね！！！」と投稿された匿名のブログを取り上げて質疑を行ったところ、安倍総理が匿名である以上、本当かどうか確認しようがないと回答しました。

この発言に子育て世代が反発し、Twitter（現X）上で「#保育園落ちたの私だ」というタグ付きの投稿が大量に行われる事態となりました。

おそらくこの事態を重く見たのでしょう。二〇一五年六月に公表された骨太の方針では、一二回しか出現しなかった「子育て」というキーワードが二〇一六年六月の骨太の方針では二九回に増え、また、待機児童対策を大きく加速するための予算の確保を行うようになりました。[2]

与野党が一緒に取り組む場合

こうしてみると、与党と野党はそれぞれ別々に活動しているように見えますが、与野党の政治家が一緒になって政策実現に取り組むケースもあります。二〇二一年の通常国会で成立した医療的ケア児支援法は、まさに与野党政治家が一緒になって取り組んだ法律でした。

医療的ケア児とは日常生活を送るのに人工呼吸器による呼吸管理等の医療行為を恒常的に必要とする児童のことをいいます。医療的ケア児に対する施策の充実を求めて、立憲民主党の荒井聰議員が自民党の野田聖子議員らとともに超党派で議員連盟などの会議体を立ちあげ、議論を重ねた結果、議員立法の成立にこぎつけました。与野党が対立せずに、ともに一つの政策を実現した事例です。

他にも、様々な分野に○○基本法★などがありますが、これらの法律は超党派の議員連盟などによってつくられる傾向があります。

政治家に政策のアイデアを共有するときのポイント

政治家は政策実現に対して影響力を持っているのですが、与野党政治家それぞれが活躍できる

★ 基本法とは、国の政策として重要なものについて、その理念や方向性を規定するものです。基本法はその内容が比較的理念的なものにとどまり、不利益の生じる利害関係者が普通の法律よりも少ないことから、与野党が合意しやすい傾向にあります。

場面を正確に理解してアプローチしないと、政策実現が逆に遠ざかることもあります。ここからは与野党政治家と政策づくりで共闘する際に注意すべきことをいくつか説明します。

与党と野党のどちらの政治家に相談すべきか

政府の政策と方向性が明らかに違わないのであれば与党の政治家、政府のスタンスと逆の政策を実現したいなら野党の政治家に相談すべきでしょう。

ただし、基本法などは議員立法になる場合もあり、与野党が一緒になって実現に動くものが多くなります。そのような性質のものであれば、与野党の政治家が自分ごととして動いてくれるよう、場合によっては両方に働きかける必要があるでしょう。

いろんな政治家に相談すべきか

政治家は必ずしも政策提案に賛同するとは限りません。自分ごととして、一生懸命動いてくれるような核となる政治家を探す必要があります。

ですので、あなたの政策アイデアに対する理解を政治家に深めてもらうフェーズでは、手当たり次第に連絡を取るのはお勧めしませんが、複数の政治家と話をし、より親身になってくれる人を探してみてもよいでしょう。

ただし、政策づくりの核となる政治家を誰にするかは、どこかで決めなければいけません。なぜなら議員は次の選挙に向けて、「私がこれをやった」という実績を作りたいからです。多くの政治家に接触をしていると、政治家も自分だけの実績にしにくくなりますし、あまり気分もよくないでしょう。

核となって動いてくれる政治家を見極める一つの判断基準は、あなたの考えに共感し、国会で質問してくれたり、省庁に状況を確認してくれたりと、何らかの具体的なアクションを起こしてくれたかどうかでしょう。

また、核となるとはいっても、政治家一人だけの声はそれほど強くないので、政治家の賛同者を増やす必要が出てくることがあります。その場合も、核となる政治家に相談しながら進めていくことが重要です。

政治家に会うには

政策づくりに深く関わったことがない人の中には、政治家の知り合いなんていないという方も多いと思います。そのような人のために、議員と接触するためのルートをいくつかご紹介します。

地元の国会議員

皆さんのお住まいの地域には必ず国会議員がいます。地元の国会議員事務所に相談しにいくことも選択肢になるでしょう。一人だけでは、会ってくれないかもしれませんが、同じような悩みを抱えている人たちとグループになれば、会ってくれる可能性は高まります。

また、あなたの政策テーマに元々強い関心のある国会議員であれば、地元選挙区の住民かどうかにかかわらず、話を聞いてもらえることもあります。

国会議員は忙しいので、いきなり本人に会えることは少ないかもしれませんが、国会議員の部下である秘書が話を聞いてくれるケースもあります。秘書は日々大量に届く国民の提案やお願いごとの前さばきを行って、対応できる（すべき）案件を見極める仕事をしています。

したがって、会ってくれるのが秘書であったとしても、議員の名代として動いてくれるケースはあります。秘書に話す時も、議員に話す時と同じようなつもりで、しっかりと説明しましょう。

なお、国会会期中（通常国会：一月～六月、臨時国会［開催されれば］：一一月～一二月頃）は、議員は東京にいることが多いので、東京の議員会館で会うこともあります。いずれにしても、地元の議員に相談する場合は、まずは地元の国会議員事務所に連絡してみるのがよいと思います。

地元の地方議員

なお、皆さんのお住まいの地域には、市区町村議会議員、そして都道府県議会議員が必ずいます。彼らの多くは、政党に所属しており、選挙の時は同じ政党に所属する国会議員、地方議員で互いに協力しあうことで持ちつ持たれつの関係を構築しています。なので、国の政策であっても、地方議員に相談すれば、国会議員につないでくれるケースもありますし、あなたの提案が自治体で解決できる課題なら、地方議員が解決のために動いてくれるかもしれません。

政策に関わるステークホルダーに何ができるのかをまとめると、図表6・1のようになります。政策提案をする際には念頭に置いておくことをお勧めします。

図表6・1　政策に関わるステークホルダーができること

官僚	・制度の詳細検討（＊）、政策案の作成 ・社会的合意を得るための調整
大臣・副大臣・政務官 （政府内与党政治家）	・政策の大方針を決定 ・官僚への指揮命令 ・政策の優先順位を最終決定
政府外与党政治家	・政策の優先順位を上げるための働きかけ ・官僚が作った政策案の修正（事前審査）
野党政治家	・与党が吸い上げていない意見を届ける ・政策を厳しい目でチェックする

＊政治判断の不要な実務的な内容については官僚だけで意思決定が完結することもある。

第7章
省庁のスタンスの違い

あなたは診療記録やバイタルデータといった医療・健康に関するデータビジネスを行っているベンチャー企業のＣＥＯです。国内のデータの利活用を推進するためのアイデアを持っているのですが、いろんな省庁がそれぞれデータに関する政策を担当しているようで、どこに提案をしに行けばいいのか、途方に暮れてしまいました。

架空の話ですが、このような困りごとをよく耳にします。データやデジタル政策についての会議に関わっている省庁は、デジタル庁、総務省、経産省、厚労省、内閣官房など多岐にわたります。

データやデジタル分野だけではありません。いろんな省庁にまたがっているように見える政策はたくさんあります。例えば、内閣府は、地方分権、防災、子育て、原子力、クールジャパンなどを担当していて、内閣官房はギャンブル依存症対策、就職氷河期世代支援、気候変動などを担当しています。

でもよくよく考えてみると、クールジャパンは経産省の担当ですし、気候変動はもちろん環境省の担当です。このように内閣府や内閣官房でも重複して政策を担当している（ように見える）ことはよくあります。

さらに、他の省庁と内閣府・内閣官房の重複だけでなく、内閣府と内閣官房の間でも政策の重複は発生しているように見えます。例えば、内閣官房にはアイヌ総合政策室がありますが、内閣府にはアイヌ施策推進室があります。また、内閣官房には就職氷河期世代支援推進室があり、内閣府には地域就職氷河期世代支援加速化事業推進室があります。

いったいどこの省庁の官僚と話をすれば政策を前に進めることができるのか、混乱してしまいそうです。どこの省庁が担当しているのか分からなければ、せっかく良い政策のアイデアを持っていても、その問題意識を解決してくれる官僚と意見交換することもできません。

日本の首相は「内閣」総理大臣とも呼ばれます。そうすると、「内閣」府や「内閣」官房は他の省庁の上に位置しているように見えるので、「内閣府や内閣官房の官僚に話をするのがいいのかな」と思う人もいるかもしれませんが、そんなに単純な話ではないのです。それぞれの省庁の違いが分かれば、おのずと皆さんが政策提案をするべき省庁の姿も見えてきます。

まずは、内閣府と内閣官房の特徴を理解するところから始めてみましょう。

内閣府・内閣官房とその他の省庁の違い

内閣府・内閣官房と他の省庁の違いを分かりやすくするために、高校の部活を想像してみましょう。

ある高校の部活は卒業生からの寄付金で賄われていて、先生は関与せず生徒が自主的に運営している、と仮定します。

これまでは毎年、寄付金の総額が順調に伸びていったので、水泳部やバスケ部など各部活に平等に資金を配分することができましたが、折からの不景気でＯＢからの寄付金も減少傾向になり、平等に寄付金を分配することが難しくなってきました。また、部活間の連携もあまりとれていないので、校外のグラウンドを部活ごとに複数契約するような無駄も目立ちます。

また、寄付金が少なくなる中で、高校として注力する部活を決めなければいけないのですが、それぞれの部活は対等なので、注力するべき部活を決めることができないことも、困りごとです……。

これがいわば、現在の内閣府・内閣官房の組織や権限が整えられる二〇〇一年より前の省庁の状態です。それまでは、各省庁は対等の関係にあったので、ほかの省庁と政策がぶつかった場合、なかなか折り合いがつかず、また省庁横断型の政策を実現しにくいという弊害がありました。それでも昔は人口増などによる経済成長の結果、税収が増えており、増加する各省の予算要求もカバーできていたので、その弊害があまり顕在化しませんでした。

ところが、経済発展が鈍化する中、今までのやり方を踏襲するのが難しくなりました。そこで、内閣が主導権を発揮し、政策の優先順位をつける必要性が出てきた結果、内閣府が新設され、内閣官房の権限が拡大されました。

現在も官邸が進めたい政策があるときには、内閣府・内閣官房に新しい組織が作られ、その組織が各省庁を指示する形で政策立案が進められていきます。官邸主導を強化するための組織としての役割を果たしているのがこの二つの組織です。

内閣府・内閣官房の役割——総合調整機能

では具体的にどのような役割を内閣府と内閣官房が担っているのかというと、一つは「総合調整機能」です。先ほどの部活の例でいうなら、すべての部活の上に立つ生徒会が生まれたようなものです。この生徒会があるおかげで、優先的に資金配分する部活を決めたり、複数の部活で重複して出費しているものを精査したり、フィジカルトレーニングのように複数の部活横断で取り組むべきものについて、その仕組みを整えたりすることができます。

このようにいくつかの省庁を横断する形で課題に立ち向かう総合調整機能を内閣府、内閣官房は担っています。

社会が複雑化する中、一つの省庁で処理しきれない政策課題も増えてきました。例えばカジノに関する政策となると、観光振興は国土交通省の担当です。また、依存症対策は厚労省、経済活性化は経産省の担当です。暴力団の排除になると警察庁も絡んできますし、教育の観点からの依存防止の啓発や青少年健全育成となると文科省にも関係してきます。

このように多くの省庁にまたがる政策課題の場合、それぞれが個別に制度設計をしてしまうと、全体としてのバランスを欠いてしまいます。また、各省庁は対等の関係なので、意見が対立した場合はその調整にとても時間がかかります。さらに、各省庁が相互に調整することなく、政策をつくってしまうと、複数の省庁で同じような目的の政策を実施してしまい、非効率な行政運営となる可能性があります。このような弊害を防ぎ、官邸主導のトップダウンを行うために内閣府と内閣官房が存在しているのです。

この総合調整機能を発揮するツールとしてよく使われるのが「○○計画」や「○○指針」です。内閣府や内閣官房に事務局を置き、関係する省庁の代表を集めた会議を実施し、省庁横断型の政策方針をつくるのです。各省庁は会議に参加して、その方針に合意するので、その計画に書かれた内容を実施する義務が生じます。

内閣府のもう一つの役割——個別政策実施機能

内閣府にはもう一つ別の機能もあります。個別政策実施機能です。先ほどの部活の例でいえば、文化祭や体育祭の運営も生徒会が担っているようなものです。部活の予算を合理化したり、優先的に配分するなどの全体調整だけでなく、文化祭や体育祭の実行委員会を生徒会が担っている場合は、そのイベントを実現するために、中身を考えたり、集客したり、機材をレンタルしたり、ある意味で他の部活と同じように、実際に活動をすることになります。

内閣府はこのような個別政策実施機能も持っているのです。

総合調整機能とはあくまで、政府全体の方針を策定することなので、予算を執行するようなことは含まれていません。内閣官房はこの総合調整機能しか持たない組織なのですが、内閣府には、他の省庁と同じように、特定の政策に関わる計画を策定したり、予算を執行したりする機能があるのです。

例えば、内閣府の日本医療研究開発機構担当室は、医療に関する研究開発に関し、各省庁の担当分野にとらわれず、その時々に必要と思われる研究に対して費用配分できる調整費という予算を持っています。このような予算を執行する権限は内閣官房にはなく、内閣府やそのほかの省庁が持つ権限です。内閣府には、政府全体を統括する側面と、一つの省庁として政策を実施する側面との二つの顔があることがポイントです。

内閣府・内閣官房が改革をリードした事例

内閣府や内閣官房が、全省庁をリードして改革を実現した事例として、二〇二一年における行政手続きでの押印廃止があります。菅総理がデジタル庁設置を宣言した直後に開催された会議で、河野太郎行政改革担当大臣がこう宣言します（二〇二〇年九月二三日）。

（筆者注：行政機関に申請手続きが必要なもの）の中で、印鑑証明が必要なもの、あるいは銀行印が必要なもの、契約書が必要なものを除いたものについては、……これは月内にも廃止をしたいと思っております。[1]

その後は通常の行政プロセスと比較すると段違いのスピードで物事が進み、約一週間後の一〇月三日には九六％の民間・行政間の手続きで押印の廃止が決定し、二〇二一年一月から始まる通常国会で、見直しが決定した法律を改正し、押印の義務付けが撤廃されました。

ハンコ業界から見れば大逆風ですが、手続きを効率化したい国民・企業やオンライン申請などのシステムを開発する企業などにとっては大きな追い風となったでしょう。

この制度改正は河野大臣の直轄チームのほか、内閣府規制改革推進室や内閣官房行政改革推進本部事務局が中心となって進めたものです。このように全省庁にまたがるような政策であっても内閣府や内閣官房が主導して制度改正に導くこともできるのです。

要となる省庁の判断方法

内閣府・内閣官房が持つ総合調整機能について説明しましたが、それでは内閣府・内閣官房とそれ以外の省庁どちらに政策づくりの主導権があるのでしょうか。

その答えは、「その時の政治状況によって変わる」です。

基本的に内閣府や内閣官房にある組織（健康・医療戦略推進事務局や日本医療研究開発機構担当室のように、「○○事務局」「○○室」と命名されていることが多い）は、官邸が強い関心を持って設置しています。そういう意味で組織が設置されてすぐは、官邸の後ろ盾もあり、強い力を持っていることがほとんどです。その場合には、内閣府や、内閣官房から各省庁に対するトップダウンの指揮命令をとることができます。

一方で、組織が設置された後、その課題への官邸の関心が薄れていくと、その組織は政治的な後ろ盾を失うことになります。そのような組織は、各省庁がもともと実施する予定であった政策を取りまとめて○○計画や○○指針とする以上のことが難しくなります。このような組織は、他の省庁から「ホッチキスだけしている（＝他の省庁の政策を取りまとめてホッチキス止めしているだけ）」と揶揄されることになります。


では、その時の政治状況をどう判断すればよいかというと、現在の政権の関心事かどうか、です。岸田政権における組織でいうと、総理の肝入りである、デジタル田園都市国家構想実現会議（事務局は内閣官房デジタル田園都市国家構想実現会議事務局）、全世代型社会保障構築会議（事務局は内閣官房全世代型社会保障構築本部事務局）のほか、新しい制度のために作られた組織、例えば、内閣官房の経済安全保障法制準備室やこども家庭庁設置法案等準備室なども政治の関与・関心が強い組織なので、各省庁へのトップダウンの力は強いといえます。そのため、それらの会議の事務局が進める政策であれば、迅速に政策が変更される可能性は高まります。

ただし、政権の関心事である政策だから内閣府・内閣官房だけが政策の中身を検討するとも限らず、実際に政策を担当する省庁で実務的な検討がされるケースも多分にあります。民間団体で政策に関わるのであれば、そのイシューについての担当省庁や内閣府・内閣官房のスタンスを把握した上で、政策づくりをリードする省庁を見極め、さらに適宜情報を共有すべき省庁を判断することになります。

では、政策を実行する主要な官庁をどう判断すればよいのでしょうか。まずは公開情報を調査することです。例えば、関心のある政策に関係ありそうな会議に複数省庁が出席しているような場合には、会議の資料を見比べて一番関心に近いテーマの資料を提出している省庁が、その政策についての主要官庁に該当する可能性が高いです。

政策テーマによっては、省庁ごとに慎重派、推進派と立場が分かれていたり、主眼に置く価値観が異なることもあります（図表７・１）。過去の会議録や新聞記事などを読み込んで、スタンスを確認することをお勧めします。

特定の政策に関わる省庁のスタンスが分かり、さらに詳しいことが知りたいと思ったら担当部署に電話などで接触してみてもよいでしょう。法律や予算の中身など、対外的に正しく情報伝達するべき内容であれば、担当者が説明を

図表7・1　省庁によるスタンスの違い（医療政策の場合）

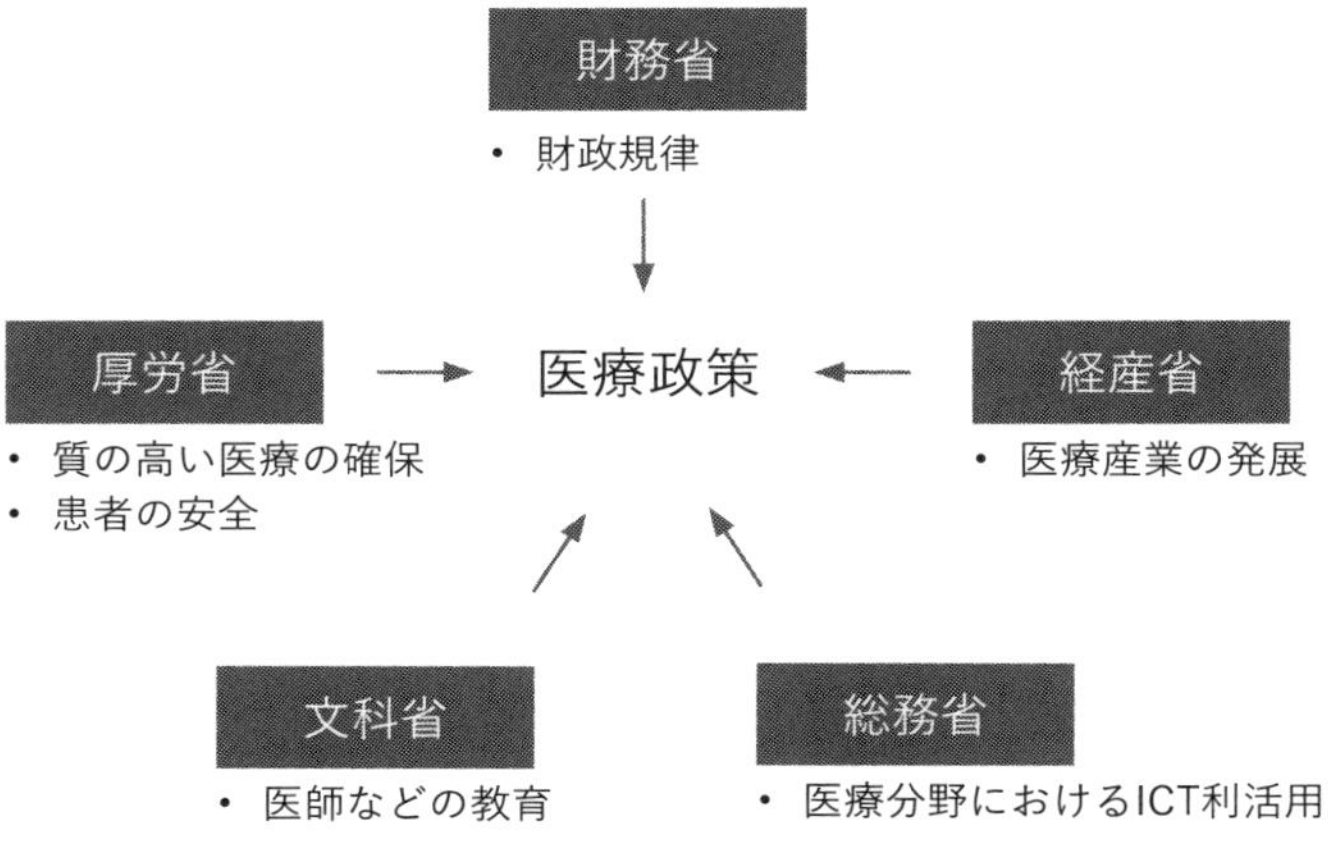

してくれるはずです。

内閣府と内閣官房に似たような組織がある場合

内閣府と内閣官房で似たような名前の組織がある場合、両者の力関係と担当業務について、混乱する方も多いようです。この疑問を解消するために、内閣府と内閣官房のそれぞれの組織の位置づけを確認してみます。

一概には言い切れませんが、内閣官房で会議の事務局機能、内閣府で予算の執行を行う役割分担の事例が複数あります。

例えば内閣官房にはアイヌ総合政策室がありますし、内閣府にはアイヌ施策推進室がありま す。内閣官房では、会議の事務局機能や各省の政策の取りまとめを担っていて、内閣府ではアイヌ施策に関する交付金を出しています。

就職氷河期世代支援施策も同様です。内閣官房の就職氷河期世代支援推進室は会議の事務局機能や政策や関連予算の取りまとめを担っています。一方で、内閣府の地域就職氷河期世代支援加速化事業推進室では、交付金を出しています。

このように同じような名前の組織が内閣府と内閣官房にある場合には、各省庁にまたがる政策の取りまとめ（各省庁を束ねる会議の開催など）については内閣官房、政策に関わる具体的な予算の検討については内閣府で担当しているという整理になっていることもあります。

関係省庁を横ぐしでまとめるための会議の内容に関心があるのか、それとも具体的な予算に関心があるのかで担当省庁が変わるケースがあることは知っておいてよいでしょう。

ただ、このように内閣官房と内閣府に同じような組織がある場合、職員も両方の組織に併任がかかっていることもあります。そのような場合には、政策の計画づくりも予算の執行も同じ人物に判断権限があるということになります。

第8章
実は明確に決まっている政策スケジュール

政策実現の適切なタイミング

あなたは自動車関係の業界団体の政策担当者です。次年度の予算に電気自動車開発に関する補助事業を新たに入れてもらおうと、七月にその政策を担当する政治家にプレゼンをしに行きました。すると、政治家から「今頃来られても遅い」と言われてしまいました。

このような話はほんとうによく聞きます。これは予算に限らず、政府戦略や法律などにも共通しますが、行政のスケジュールは厳密に決まっていることがほとんどです。企業によっては、筋のいいアイデアがあれば、スピーディにビジネス化することもあるかもしれませんが、行政の場合は違います。例えば予算の場合は、ざっと以下のようなスケジュールとなっています（詳しくは付録を参照）。

七月……………財務省が「概算要求基準★（各省庁の予算額の水準を示したもの）」を作成
八月末…………各省庁が「予算概算要求（次年度の予算案）」を財務省に提出
一二月下旬……政府予算案の確定
一月……………予算案の国会提出
三月末…………予算成立

★　正式名称は年度によって異なります。「予算の概算要求の具体的な方針について」などと呼ばれることもあります。

八月末に次の年に必要な予算を各省庁が財務省に示す「概算要求」が行われ、各省庁のＨＰにその内容が公開されます。

八月末に公開されるといっても、当然それより前に各省庁の中では予算要求の中身を検討しているわけです。一般的には四、五月頃がその期間ですので、七月頃には概算要求の中身はほぼ固まっているのが通常です。

言い換えると八月になってから政策のアイデアを官僚や政治家が認知したとしても、次の年の予算にそれを反映させるのは難しいということになります。来年度の予算から新しい政策を実現したいなら、遅くとも四、五月には官僚や政治家がその政策を把握していることが必要です。一度タイミングを逃してしまうと、次のタイミングは通常であれば、一年後になります。より良い未来に必要な政策の実現がそれだけ遅れてしまうのです。

政策には「旬」がある

政策が実現されれば一年遅れてもいいと思う方もいるかもしれません。しかし、そう簡単ではないのが政治の世界です。

政策には「旬」があります。世の中のニーズにこたえられない政治家は支持を失います。だから政治家は世論が強く求めている政策を実現しようとします。

例えば、二〇二〇年以降、新型コロナウイルスが猛威を振るいました。海外で流通しているワクチンが日本でなかなか承認されなかったり、マスクが不足したりしました。その結果、新しい医薬品が国内でも早期に流通するように、臨床試験の一部をスキップする医薬品の緊急承認の制度がつくられ、また、国費でのマスク配布、いわゆるアベノマスク政策がとられました。このように「旬」な政策については、その優先順位が大きく上がるのです。

これが、コロナ禍が収まった後に、医薬品の新たな承認制度をつくろうとしていたら、制度改正のハードルはもう少し上がっているはずです。その頃には他のもっと緊急性の高い課題が政府の目の前に立ちふさがっているからです。

つまり、旬を逃してしまい、その後長い間政策が実現しなくなるということもありうるのです。政策提案に失敗した帰結は、一年先送りではなく十数年の先送りかもしれません。だからこそ、社会を変えようとするならば、政策のスケジュールを踏まえた「最短距離」での実現が必要なのです。

政策の方向性を決める「骨太の方針」

政策のスケジュール感を理解するために、「骨太の方針」を例に説明します。骨太の方針とは経済財政諮問会議での議論をベースに作成される政府文書で、その後の政府の政策の方針や次の年の予算要求の方針について記載するとても大事なものです。これはいわば政府が国民に約束する宣言のようなもので、この宣言を守れない場合、国民が愛想をつかし、次の選挙で野党を政権政党として選ぶかもしれません。

なので、政府は骨太の方針に書いてある政策を何としても実現しようとするわけです。

したがって、骨太の方針に記載がある政策は、実現の可能性がかなり高くなります。次の年の予算で何らかの措置が講じられたり、予算だけでなく、法律や税制にも影響を及ぼすとても大事な政府文書なのです。

重要な文書だからこそ、いつ誰が決めるのかということは知っておかなければいけません。正しいタイミング、キーパーソンを理解していれば、政策実現に大きく一歩近づくことになります。

骨太の方針のスケジュール

経済財政諮問会議のプロセスは以下の通りです。大まかにいうと、骨太の方針に細かい内容は書かれないので、骨太の方針に一文でも関連する政策についての文言が入れば「成功」といえます。

前年七月〜四月……個別テーマについて議論
五月……………………骨太の方針の骨子案を経済財政諮問会議に提示
六月上旬………………骨太の方針案を経済財政諮問会議に提示／党の部会で方針案を議論
六月中旬………………骨太の方針の閣議決定

骨太の方針のキーパーソン

骨太の方針の内容に影響を及ぼすキーパーソンは、おおむね以下の人々です。

① 経済財政諮問会議の民間議員

経済財政諮問会議に出席している四人の民間議員は、会議の場で自らの主張を行う機会を与えられています。一般に、民間議員は自らの自由な意思に基づいて発言することが期待されており、それぞれの価値判断に基づいて意見を表明します。そのため、民間議員が強くこだわっている内容については反映される可能性が高くなります。

②　与党の政務調査会・経済成長戦略本部出席議員

骨太の方針には日本の経済成長を促すための成長戦略に関わる内容も含まれます。そのため、与党では、政府の骨太の方針に意見を反映させるべく、独自に自民党・公明党それぞれで成長戦略をはじめとした会議を設置し、政府への提言を行っています。例えば、自民党の政務調査会・経済成長戦略本部では、成長戦略の決定前に、党としての戦略を策定し、総理大臣に対して申し入れを行っています。

③　議連に参加している与党議員

四月から六月頃にかけて、与党議員の集まりや議連による様々な分野の政策提言が活発に政府に提出されています。繰り返しになりますが、政府も与党議員からの政策提言には配慮します。骨太の方針を閣議決定するためには与党の事前審査があるため、彼らの提言にも配慮した内容でないと、事前審査の段階で多くの意見が出て、議論がまとまらないおそれがあるためです。

④　党の部会に出席する与党議員

第六章で説明した通り、与党が政策を議論する場として、政務調査会内に各省に対応した部会があります。厚生労働省の重要政策を議論するのは厚生労働部会といった具合です。

繰り返しになりますが、政府は、骨太の方針、予算、法律など重要な政策を実現する前には部会の了承を取らなければいけません。具体的には部会（六月上旬）で骨太の方針の政府案について与党議員に説明する機会を持ちます。部会は基本的には与党議員であれば誰でも出席し、自分の意見を述べることができます。部会や事前の説明の場面において意見が出た場合は修正されることもあります。政府案として閣議決定する直前に、骨太の方針の中身を変えたい場合はこの場で与党議員から意見出しをしてもらうことができます。

⑤　各省庁の担当課長

骨太の方針は将来における政策実現可能性を高めることから、各省庁も骨太の方針に自分たちの実現したい政策を載せようと努力します。個別政策実施の中心的な役割を果たす省庁の課長レベルは、皆さんが政策提案をする上で会っておくべき重要人物になります。

政策づくりのタイミング

①　前年七月以降～四月まで

前年の七月には各テーマについての議論が開始されるため、来年の骨太の方針に何らかの政策を反映させたいと考えるのであれば、その年の後半から、キーパーソンに皆さんの考えを理解してもらう必要があります。力のある民間の団体は、この時期に民間議員や官僚へ提案していますし、与党の国会議員とも接触しています。

なお、一〇月より前は、国会が閉じていることが多いため、多くの国会議員は地元の選挙区で過ごすことが多くなります。そのため、東京の議員会館で会うことが難しくなります。議員にアプローチする時は、国会日程なども考慮する必要があります。

②　五月以降～六月まで

五月以降、各省との骨太の方針案の協議、与党への事前説明が行われます。この時点ではほぼ内容は固まっているので大幅な修正は難しくなります。民間の団体の中には、与党議員や官僚に対して、政策内容の明確化や方向性の微修正をお願いしているところもあります。

ここまで政策の実現に大きな影響を与える骨太の方針を一つの事例として見てきましたが、成長戦略や予算、法律など様々な政策に関しても、基本的なスケジュールがあります。それをしっかりと頭に入れた上で、戦略をもってアプローチしていくことが政策の実現にはとても重要になります。予算、法律についても付録で詳しく解説しているので、深く知りたい方は参照してください。

第9章

世論やメディアが持つ大きな力

メディアと連携する

メディアとは世論を映し出す鏡です。メディアがなければ届かないであろう多くの人たちの声を集め、政治にぶつけることで政策は変わります。

かつては見えにくかった組織化されていない人たちの世論を可視化するＳＮＳの盛り上がりもあり、ＳＮＳとメディアのうねりが合わさって政策が変わる事象は最近ますます増えてきています。例えば、二〇二二年三月、年金受給者への五〇〇〇円給付という政策が与党自民党から提案されたあと、すぐに撤回されたことがありました。この事例も世論の反対で方向性が変わった一例です。

これがもし野党やメディアから批判的な声があがっていなかったら、与党の申し入れの通りの政策が行われていた可能性は高いでしょう。外部からの批判を受け、そのまま進めると支持率に影響する可能性があると政権が考えた場合、このように政策の方向性が変化することがあります。

外部からのプレッシャーで政府や与党が政策を取り下げる場合だけではなく、政策を前に進める場合もあります。すでに取り上げた「保育園落ちた日本死ね！！！」のケースはメディアも大きく取り上げました。その結果、新しい政策パッケージである「子育て安心プラン」が取りまとめられ、子育てに大きく予算が割かれるようになりました。メディアの後押しもあって政策が前に進んだケースです。

このようにメディアの影響力で政策は大きく変わります。メディアと共に政策を動かしていくためにはどうすればよいのでしょうか。

省庁担当記者だけが政策を記事にするわけではない

政策に関係する取材をしているのは、官庁の記者クラブに所属する省庁担当記者です。彼らは官庁内にある記者クラブ（官庁内にそれぞれの会社ごとにスペースが割り当てられた一室）を拠点として、官僚、政治家、そして関係団体や審議会の委員など政策に関わる様々なステークホルダーの取材をしています。

彼らはキャリアの初期を日本全国の支局で過ごし、警察、行政等の取材を進める中で記者としての経験値を積みます。その中で選ばれた記者が東京本社に呼ばれ、中央官庁の取材を担当します。支局での経験期間は各社によって違うようですが、政策関係の取材をしているのは一〇～二〇年目の経験豊かな記者であることが多いようです。

省庁ごとに担当記者はいますが、あなたの進めたい政策の取材をしてくれるのは、その政策を所管している省庁の担当記者だけではありません。

例えば、就職氷河期世代支援の政策について、厚労省担当の記者が解説を行うかもしれませんが、氷河期世代の就職が経済に与える影響を主眼に置くならば、経済担当の記者の領域かもしれません。★

身近な知り合いに記者がいて、取材してほしいネタがあるのであれば、まずは相談してみるのがよいでしょう。その記者が取材できなくても面白いテーマなら他の記者を紹介してくれるはずです。

記者が取材するモチベーション

記者の一番の関心事はやはり「特ダネ」です。まだ世の中に公表されていない内容、例えば政府で議論中の政策や法案の中身などを報道することを特ダネといいますが、「政策をいち早く伝えたり、多くの人に影響を与えたりすることにやりがいを感じる」のが記者の特性です。

他に「独自ネタ」も記者の「書きたい」気持ちを盛り上げるポイントの一つです。独自ネタとは官庁などが公表している情報ではあるものの、新しい視点を読者に提供する記事のことをいいます。

★ 取材で話を聞いた記者は「社会部マターとか、経済部マターとか担当ごとの取材テーマは確かに存在するが、だからと言って担当していない記者がそのテーマを記事にできないわけではない」と語っていました。

独自ネタになりうる記事の題材としては、

- 政策を実施することで、社会にどんな影響が出るか
- 良かれと思った政策で逆に不利益を被る人がいるのではないか

といったものがあります。違う角度から社会を見つめるという観点です。

例えば、コロナ禍でマスク着用がほぼ義務となる中、子どもの発達に悪影響があるのではないかという視点の記事が朝日新聞に掲載されたことがあります。[1] マスクは感染防止に必要ですが、それで困る人もいるのではないかという課題意識からの記事といえます。

取材をしてもらうためには工夫が必要

メディアに取り上げてもらえれば、皆さんの問題意識を多くの人に伝えることができます。取材の主要なきっかけはやはりプレスリリースや記者発表などです。ただし、記者クラブには毎日たくさんのプレスリリースが届きますし、記者発表もあまた行われています。最近ではＳＮＳでの発信を契機として取材されることも増えてきています。つまり、世の中にあふれるニュースの

ネタの中から、皆さんの主張を記者に見つけてもらう必要があります。

そのためには、記者に情報を伝える際に関心を持ってもらえるように工夫すること、また日頃からの記者との関係構築により、取材をしてもらいやすくすることも必要になります。

ここでは、記者に取材対象として選んでもらうために、プレスリリースなどでの発信で注意すべきことをお伝えするとともに、記者との関係構築のコツについて説明します。

取材をするかの判断基準

プレスリリースを受け取ったからといって必ず取材に行くわけではありません。「全国で初めての○○」といった話題は取材されやすいとはよくいわれていますが、それ以外にも判断基準を記者は持っています。いくつかご紹介します。

① タイムリーな話題かどうか

社会課題は常に存在していますが、記者は、なぜそれを「いま」取り上げるかを常に考えています。つまり、「タイムリー」な話題かどうかです。

コロナ禍、ウクライナ危機のような事象や、四季折々のイベント（就職、夏休み）、国会でまさに議論されている政策、全国で実施が始まったばかりの政策などはタイムリーなテーマと言えます。プレスリリースを作る際はタイムリーな話題であることがはっきりと伝わるようにすることが重要です。

タイムリーなテーマであることを伝える上では、SNSも重要な手段です。記者もXなどのSNSの動きには注意を払っています。例えば、大量の「いいね」がついていたり、リポストされているテーマがあると、「記事を書かないとまずい」と考えるそうです。SNSなどの積極的な運用を通じて、タイムリーさを訴えることも選択肢の一つでしょう。

②　極端な主義主張に走っていないか

主義主張が独りよがりな人は記者も取材を嫌がります。新型コロナワクチンにまつわる陰謀論のような科学的エビデンスの乏しい内容などは分かりやすいですが、自分たちは当然だと思っているることが、他の人たちにとってはそうではないということはよくあります。思い込みに基づく問題提起（に見えるような表現）がプレスリリースの中に紛れ込んでいないかは、よく確認しましょう。

なお、イベントの開催団体が取材するに値するかどうか、つまり信頼性があるかどうかについては、プレスリリースの記載に加えて、団体のHPや代表者のSNSを確認したり、知り合いから評判を聞いたりするなどして判断をするそうです。公式HPだけでなく、実名で発信を行うときも発信内容は慎重に精査しましょう。

③　イベントにインパクトがあるか

そのほかにも、「院内集会」というイベントも活用できます。国会議員の東京事務所がある永田町の議員会館では、議員のサポートにより民間団体の院内集会が開催されることがよくあります。院内集会には、その問題に関心のある国会議員も参加しますが、メディアの取材も受け付けます。民間団体の主張だけでなく、国会議員も政策課題として取り組んでいくという意思を示す効果があります。

院内集会だからといって記者が必ず来るわけではなく、これまで説明した基準に加えて、どんな政治家が来るか、発信力のある有名人が来るかといったこともポイントになります。つまり、そのイベントにどれだけインパクトがあるかということです。その他には、参加人数などもポイントとなってくるでしょう。

④　当事者が来るか

記者の役割の一つとして、制度が不十分であることにより困っている人にスポットを当て、世論を動かし、政策を変えるうねりを作り出すことがあります。新聞やテレビを見る人が強く共感するには、やはり実際に困っている当事者の存在を知ることに勝るものはありません。「実際に困っている人のエピソードを聞くことができるかも、取材をするときの判断基準」だと話を聞いた現役の記者は語っていました。
記者の側からしても当事者の具体的な困りごとを聞くことで、記事に厚みが出ますし、場合によっては、そこで知り合った当事者を追加取材するきっかけにもなります。イベントや記者会見の案内をする場合に、当事者の方も参加するのであれば、プレスリリースでそのことに言及しておくとよいでしょう。

また、民間団体が中央官庁の記者クラブで会見をすることも珍しくありません。民間団体から記者クラブ宛てに記者会見の申し入れをすると、記者クラブで会見をセットしてくれることもあります。この場合、記者クラブで会見を実施するかを判断し、役所には相談しないのが一般的です。この記者クラブでの会見を許可されるかもここまで説明してきた判断基準が適用されます。主義主張が極端、主張が論理的に一貫していないような場合は断られることもあります。

記者と知り合い、普段から付き合うには

記者が日常的に出てくる場は、省庁の政府会議、国会議員による議連の会合などです。特に政府会議は一般の方の傍聴を受け付けているケースも多いので、関心があるテーマの政府会議にはできるだけ出席しましょう。政府会議などでよく顔を合わせていたことによって、記者との名刺交換につながるケースもあります。

また、記者クラブに直接挨拶に出向くことも一つでしょう。プレスリリースを出すタイミングで「一度ご挨拶に伺いたい」と記者クラブを訪問する方もいます。

最近では記者の実名SNSアカウントも多くあります。SNSでのダイレクトメッセージをきっかけに取材につながることもあるようです。実際に、興味深い発信をしていて、ある程度影響力のある人のアカウントには、ダイレクトメッセージで記者から取材の依頼が来るケースもあります。

当然記者も人間ですから、知らない人からのプレスリリースよりもなじみの人からの情報提供の方を注意深く理解しようとするでしょう。したがって、普段から記者とコミュニケーションをとれる間柄であることは重要です。

そのためには、「新しい視点を持っている人、そういう人を紹介してくれる人」と記者に認識してもらうことが重要です。

メディアやSNSで積極的に発信をしている有識者の場合、取材の依頼だけでなく、「こういう人を知りませんか?」という相談を記者から受けることがあります。記者は毎日新しい情報を発信することが仕事です。自分の知り合いだけのネットワークで記事を書くのにも限界があります。「新しい視点を持っている人、そういう人を紹介してくれる人」であることで記者と円滑に関係構築することができるでしょう。

新しい視点を持っている人と認知してもらうためには、他の人がやっていない活動をしたり、本を出したり、ＳＮＳで発信したりといった努力をすることでキャラを立たせていくことは必要になってきます。

あるカテゴリーの中での独自性を出すということも一つでしょう。例えば、学生起業家がメディアに取り上げられることがありますが、学生と起業家というカテゴリーの掛け合わせが珍しく独自性があるということです。○○なのに□□をしている、○○なのに△△に詳しいというポジションをとることも独自性を発揮する一つの方法といえます。

中間組織を活用する

政策を実現するには、一人一人が個別に声を上げるよりも、みんなの意見を集めて一つの声にした方がインパクトがあります。そのインパクトを最大化するための手法として、中間組織の設立があります。

中間組織の四つのパターン

中間組織には、いくつかのパターンがあります。

一つは医師、看護師、弁護士など、その職能によって構成されるパターンです。

例えば、日本医師会は、全国四七都道府県の医師会の会員から構成される中間組織です。病院、診療所の開設者や管理者が会員の約半数を占めています。日本医師会は医療政策の方向性を決定するような政府会議には必ずといってよいほど委員を送り出しており、日本の医療行政に強い影響力を持っています。

二つめは労働者、使用者といった社会的立場によるパターンです。

労働者の利益のために組織されている労働組合を束ねる中間組織かつ全国組織として日本労働組合総連合会（連合）があります。逆に使用者側の組織としては、大手企業や産業別・地域別の団体から構成される日本経済団体連合会（経団連）がよく知られています。

労働に関するルールは労使で一緒に考えるべきことがＩＬＯ（国際労働機関）の条約でも謳われています。日本でもその方式に沿って、労働政策を考える会議では、使用者団体と労働者団体から委員を出す仕組みになっています。

三つめは大きな利益を共有する同じ業界の企業、団体などが集まるパターンです。例えば日本製薬工業協会（製薬協）は新薬の開発能力が高い製薬企業を中心に構築された中間組織です。

製薬会社は各社様々な医薬品を開発しています。自社の利益を確保するという意味ではライバル同士が集まった団体ともいえます。個別イシューでは意見が合わないこともある一方で、医療保険制度における医薬品への財源の配分や、規制など大きなテーマでは共通の利害があることも多く、業界内の意見をまとめて政策提言をしたりします。

業界団体は、政策提案のためだけに構成されているわけではありませんが、制度を使う側の意見は重要なので、関係する政府会議に業界団体から委員が参加することもよくあります。

四つめとして、患者、子育て世代など、いわゆる当事者たちが集まるパターンです。

当事者団体としては、患者団体の集合体である日本難病・疾病団体協議会や、医薬品による被害者の団体をまとめた全国薬害被害者団体連絡協議会などがあります。患者のため・医薬品被害者のための政策実現を政府に働きかけるという大きな目標を共有した中間組織です。

中間組織の意見集約機能

官僚が政策を考えるときには、できるだけ多くの人が納得する内容になっているか、強い反対をする人が出ないかを気にすることはすでに述べました。

そんな官僚にとって、中間組織はとてもありがたい存在です。なぜなら、中間組織の存在意義の一つは、意見集約機能だからです。

意見調整をして、一つの制度という結論を導く官僚の立場からすると、例えば、複数の団体がバラバラの主張をすると、誰の主張を採用したらみんなが納得してくれるか分かりません。また調整のためにかかる時間も膨大になります。

しかし、同じ立場の人たちや複数の団体の意見をまとめて届けてくれる団体があると、官僚としては、交渉窓口が一つになって安心です。しかも、あとから聞いていないとクレームが来る可能性も減るので、効率的でしょう。

これが中間組織の代表が政府会議の場によく出てきている主な理由です。いわば官僚が行っている意見調整の機能の一部を代行してくれているわけです。

国会議員の協力も得やすい

また、中間組織として政策提案を行えば、国会議員の協力も得やすくなります。国会議員はその身分に期限があります。

選挙で勝つためには、支持者を維持し、増やしていかないといけません。そのために、国会議員はその任期中、支持者の声を聞き、支持者が望む政策実現を目指します。

中間組織の後ろには多くの有権者がいます。そのため、個人で政策提案を行うよりも中間組織を介して政策提案を行った方が議員の協力も得やすくなるのです。

なお、官僚が政治家の了承を得ようと説明するときにも、事前に中間組織の合意があると話が早いです。自分の支持団体と関係の深い中間組織の代表が出ている政府会議で議論し合意したのであれば、「（少なくとも中間組織がカバーしている人たちの間では）あとから大きな問題になることはないだろう」と政治家は判断できるのです。

行政機能の一部を担う

中間組織は、同じような利害を共有する団体や個人の集合体です。その特徴を生かして、行政に似た機能を果たすこともあります。例えば、製品の自主基準を作る中間組織があります。身近なところで言えば、トイレ用芳香剤についても中間組織が自主基準を設定しています。製品基準や製造基準、表示基準などを定め、それをクリアした製品には適合マークを表示しています。

自主基準があることは、行政、ビジネス双方にメリットがあり、消費者としても安心です。行政にとっては、製品の質を担保するルールを細かく定めたり、適正でない製品を監督したりしなければならないとすると、かなりの負担です。ビジネス側で自主的にルールを定め、安全性や消費者の選択に資する情報を表示してくれれば、行政としても助かります。

一方で、ビジネス側からしても、現場に必ずしも近くない行政に決められるルールに縛られるよりも、現場の事情にのっとったルールを自分たちで決められる方が合理的です。

また、行政が決めるルールには時に罰則が伴いますが、自主基準である限り、そのリスクを負わなくてもよくなります。自主基準を運用するためのコストは必要ですが、その商品や業界全体の信頼性が高まります。また、何らかの事情で行政的な規制がつくられることになった場合にも、すでに業界の自主基準があれば、それをベースに検討が進められる可能性が高くなります。

もちろん、消費者側にとっても、安全性が確保された製品が流通し、選択に資する情報が正しく表示されているのであれば、安心して商品を買うことができるでしょう。

既存の大きな中間組織のメリット・デメリット

次に、古くからある中間組織のメリット・デメリットを考えてみましょう。

メリットは、政策を実現するための足掛かりが様々な政府会議の場にすでにあることです。昔からある中間組織は政策決定のプロセスにがっちりと組み込まれているので、政策提案をすることが新しい中間組織よりも簡単です。

一方でデメリットは、組織としての政策提案に自分たちの意見を載せるコストがかかることです。例えば、経団連の会員企業数は、一五四二社（二〇二四年四月）です。たくさんの会員を抱える中間組織において、意見が対立する政策を実現しようとしたら、折り合いをつけるのは大変でしょう。

また、単に意思決定を行うにしても、所属している人、団体が多いので時間がかかります。組織としての政策提案に自分の意見を入れるのが大変なのです。

新しい中間組織のメリット・デメリット

これが新しい中間組織になると、古くからある中間組織と対照的になります。

新しい中間組織の場合、政府会議への足掛かりがないため、すぐに政府会議の委員を輩出することは難しいでしょう。官僚や政治家に提案をするルートも最初はあまり持っていない場合も多く、既存の中間組織に比べて政治的影響力が弱くなります。そのため、政府会議の委員を選ぶ官僚に知ってもらうところから始める必要があります。

逆にメリットとしては、所属している団体や、メンバーが少ないので、意思決定が迅速にできる可能性が高いことです。また、新しい政策分野であれば、早めに団体を立ち上げることにより、その分野をリードできる可能性も高まります。

大きな団体の一部という形で活動すると、その団体がカバーしている様々な政策提案のごく一部という位置づけになってしまいますし、団体全体の優先順位付けにしばられます。最初は小さくても、新しい団体を立ち上げれば、自分たちの提案したい政策の実現のために、最短距離で動ける可能性が高まるのです。

中間組織立ち上げと運営のコツ

新しく中間組織を立ち上げようとするときには、いくつか注意すべきことがあります。

一つめは、まず組織の立ち上げ目的を明確にすることです。

組織の立ち上げには大きく二パターンがあります。一つは、業界全体の意見を代表することを目的とするパターンです。この場合は、業界の総意としての意見を対外的に表明することができ、意見の重みが増す一方、多様な人々が参加することになるため、意見の取りまとめに時間がかかったり、あまり具体性のない総花的な意見になってしまったりするリスクがあります。もう一つは、特定の政策を実現することを目的とするパターンです。このような場合には、会員が少なくても団体が一枚岩で動ける機動的な体制をつくることを優先した方がよいでしょう。

中間組織の立ち上げを考えたときは、あなたの目的がどちらなのかを明確にすることが重要です。

二つめは、実現可能性の高い政策提案から始めることです。

中間組織を立ち上げて、政策提案のために汗をかいてもあまり成果が出ないということが続けば、徐々にメンバーの自己効力感も低下し、活動が停滞してしまいます。立ち上げメンバーは熱量が高いと思いますが、声をかけられて参加したメンバーもいるでしょう。中間組織が出せるインパクトを大きくすることを見据え、所属メンバーの連帯感を高め、コミット度合いを上げ、さらにメンバーを増やすためには、小さな成功体験を積み重ねることが大切です。

三つめは、官僚や政治家だけでなく世間向けに広報活動をすることです。

新しい中間組織をつくっても、誰にも知られていない団体では、官僚たちも「いったいどういう団体なのだろう？」と半信半疑になる可能性が高くなります。メディアで取り上げてもらったり、イベントを開催したり、ＳＮＳや著作での発信などが必要です。

こうした活動を通じて、団体が広く知られるようになれば、「新しい団体だけど、このテーマならこの団体がメインなんだな」と、官僚や政治家などに認識されやすくなります。社会的認知を上げることが、官僚や政治家などに話を聞いてもらう関係づくりの足掛かりになります。

四つめは、リソースの確保です。

中間組織を立ち上げて活動を進めるためには、政策提案の内容を考えること、官僚や政治家につながること、彼らに上手に説明すること、広報活動を展開することなど、いずれも新しい仕事が発生します。これらをいかにうまく進められるか、そしてそのための人員体制や時間などのリソースを割くことができるかが、大きな課題となります。

まだ社会課題として十分に認知されていなかったり、ビジネスとして成熟していなかったりする分野では、こうした活動が得意な人材が不足していることがあります。新たな人材を採用したり、外部コンサルタントを活用したりすることが求められます。

政策プラットフォームを活用する

仲間を作る方法としては、メディアを巻き込んだり業界団体を作る以外に、署名を集めたり、デモをするなどの方法が古くからありますが、最近出てきた新しい方法があります。それは政策のためのプラットフォームを活用することです。代表的なプラットフォームとしてPoliPoliとissuesがあります。

PoliPoliには、一般ユーザーが変えてほしい政策を提案し、それに賛同した議員が政策課題として取り上げる、という機能があります。このPoliPoli発の政策変更の事例として、二〇二一年コロナ禍による生活苦から生理用品の入手が難しくなった女性に対し、NPOなどが生理用品を配ることができるように、補助金の条件が緩和されたことがあげられます。[2]

PoliPoliの中で生理政策の充実を求める声が上がり、この声に耳を傾けた野党議員が国会で質問したことにメディア・世論の注目が集まり、結果として政府が政策を変更しました。

生理に伴う不都合は我慢すべきという価値観が少しずつ変わってきているのに、政策が追いついていない状況に対して、民間サイドが問題提起をし、国会議員がそれに呼応、そして、政府（官僚）が政策に落とし込んだという流れです。

issuesは、住民の身近な困りごとを地方議員に届け、政治家が政策立案の参考にするという機能を有しています。こちらは身近な困りごとについて働きかけをしたい方に向いています。issues経由で政策が変わった例としては、小中学校の欠席届のオンライン化があります。この事例については次の章で詳しく取り上げています。

メディアや中間組織、新しい政策プラットフォームとの連携を通じて政策を変える手法を取り上げました。記者や官僚として仕事をし、またＮＰＯや企業の方々と政策をつくる経験を経て、政策は政治家や官僚だけでなく、様々な立場の人たちの思いがベースとなって具体化されることを感じています。「政策を変える」というのはこれまでの「社会的合意」を変えるということでもあります。多くの人が同じ課題意識を持っているという事実は政策を動かす大きな後押しになります。そのために多様な主体との連携は重要なのです。

ここまで主に国における政策づくりについて話してきましたが、政策は国だけでなく、地域でもつくられています。あまり知られていない地域での政策実現については次の章でお話しします。

第10章

鍵となる地方自治体での政策実現

主戦場は地方自治体

東京都大田区では二〇二一年一二月に小中学校の欠席届をオンラインで提出することが解禁されました。驚く方もいらっしゃるかもしれませんが、学校を休むときには、連絡帳を近くに住む友人に預けて、学校に連絡するという運用が多くの自治体でなされていました。

本来なら本人も家族も病気をうつさないようにする必要があるのに、わざわざ他の子どもに病気をうつしてしまうような行動をとらなければいけないのは、特にコロナ禍においては不合理です。

前章で紹介した政策プラットフォームであるissuesには「小学校の欠席届をオンライン化してほしい」という声を地元議員に届けるページが用意されています。そして当時一九人の大田区民がこのテーマに「賛成」の声を登録していました。

この市民の素朴な疑問を目にした大田区議会の伊佐治剛議員は、この問題を解決しようと二〇二〇年一〇月二日、大田区議会の決算特別委員会で、小中学校の欠席届のオンライン化を提案します。

伊佐治議員：学校欠席時の連絡のオンライン化を求めていきます。これまで長年、小中学校の欠席の際の連絡は、基本的に連絡帳を友達であったり、また兄弟に渡して……先生にそれを渡すという流れが一般的でありました。……やはり近隣に娘の仲のいい友達がいないということで、休んだときに、誰に渡していいのだろうということがあったわけでありまして。これは私だけではなくて、そういう家庭環境にある方々は同じように思っているところではないかと思っております。[1]

伊佐治議員は個別に教育関係者へのヒアリングや担当課長に検討状況を確認するなどアプローチを続け、二〇二一年三月の予算特別委員会で改めてこの問題提起をしたところ、区役所の担当者から前向きな答弁を引き出します。

伊佐治議員：この欠席届のオンライン化はいつできるのか、お答えください。

大田区担当課長：オンラインによる欠席連絡システムの構築を委託業者に依頼しておりま す。２学期までには、本格運用できるよう取り組んでまいります。[2]

そして、二〇二一年一二月から大田区で小中学校の欠席届のオンライン化を解禁することに成功しました。

国の政策の大きな流れ

小中学校の欠席届のオンライン化が実現したポイントは、国の政策がそれを後押しする方向性で動いていたことにもあります。大田区で欠席届のオンライン化が提案された二〇二〇年一〇月は、安倍総理が退陣し、菅総理が登板したばかりというタイミングです。

当時、コロナ禍で日本のデジタル化の遅れが大きな課題として浮き彫りになりました。菅総理は二〇二〇年九月一六日に総理に就任しましたが、就任直後のデジタル改革関係閣僚会議で、国や自治体のデジタル化の遅れの解決を訴えています。[3] また、同じ会議で河野行政改革担当大臣が書面、対面を求める規制や判子が必要な手続きを見直すことを表明します。

このような政府の流れを受けて、二〇二〇年一〇月二〇日、文部科学省は自治体の教育委員会などに通知を出します。

その通知の中で、

- 政府として、書面主義、押印原則等に関する規制や慣行の見直しを進めていること
- 学校と保護者間の連絡をデジタル化するよう取組を進めてほしいこと

を伝達、依頼したのです。[4]

まさに欠席届のオンライン化に直結する話です。

伊佐治議員の議会での質問が二〇二〇年一〇月二日です。様々なファクトを踏まえて総合的に判断すると、国の政策変更をいち早くキャッチした自治体議員の提案を受け、自治体が検討を開始し、議員の質問や文部科学省の通知などを踏まえた総合的な判断として、欠席届のオンライン化が決定した事例と言えるでしょう。

このように自治体の政策と国の方向性は強く関係しています。政策提案をする場合には、国の政策の方向性をタイムリーに把握しつつ、自治体の政策関係者へのアプローチの仕方を考えることが必要になります。国が大きな方向性を打ち出したときに、その流れに乗った政策提案を行うことで、時宜を得た行動が可能になるということです。

政策を実行しているのは国だけではない

大田区の事例からも分かるように国の政策と自治体の政策は密接に絡み合っています。むしろ政策を全国に普及させるフェーズでは国との協働よりも、自治体との連携が重要になってくることもあります。自治体がその気にならなければ動かない政策はたくさんあるからです。

例えば、図表10・1の令和四年度（二〇二二年度）の厚生労働省老健局の予算を見てみると、次のような記載を見つけることができます。

【実施主体】都道府県
【補助率】２／３

これは、特定の支援事業に対して、かかる費用の２／３を国が負担するということです。自治体としては持ち出しのお金が減るので、「前から必要だと思っていたのでやってみようかな」という気持ちになるわけです。

ただ、このタイプの予算はあくまで自治体を動かすために国がつくったインセンティブの側面が強く、自治体のマンパワーや予算編成の問題などで実施されないこともあります。つま

図表10・1　国と自治体の政策の密接な関係

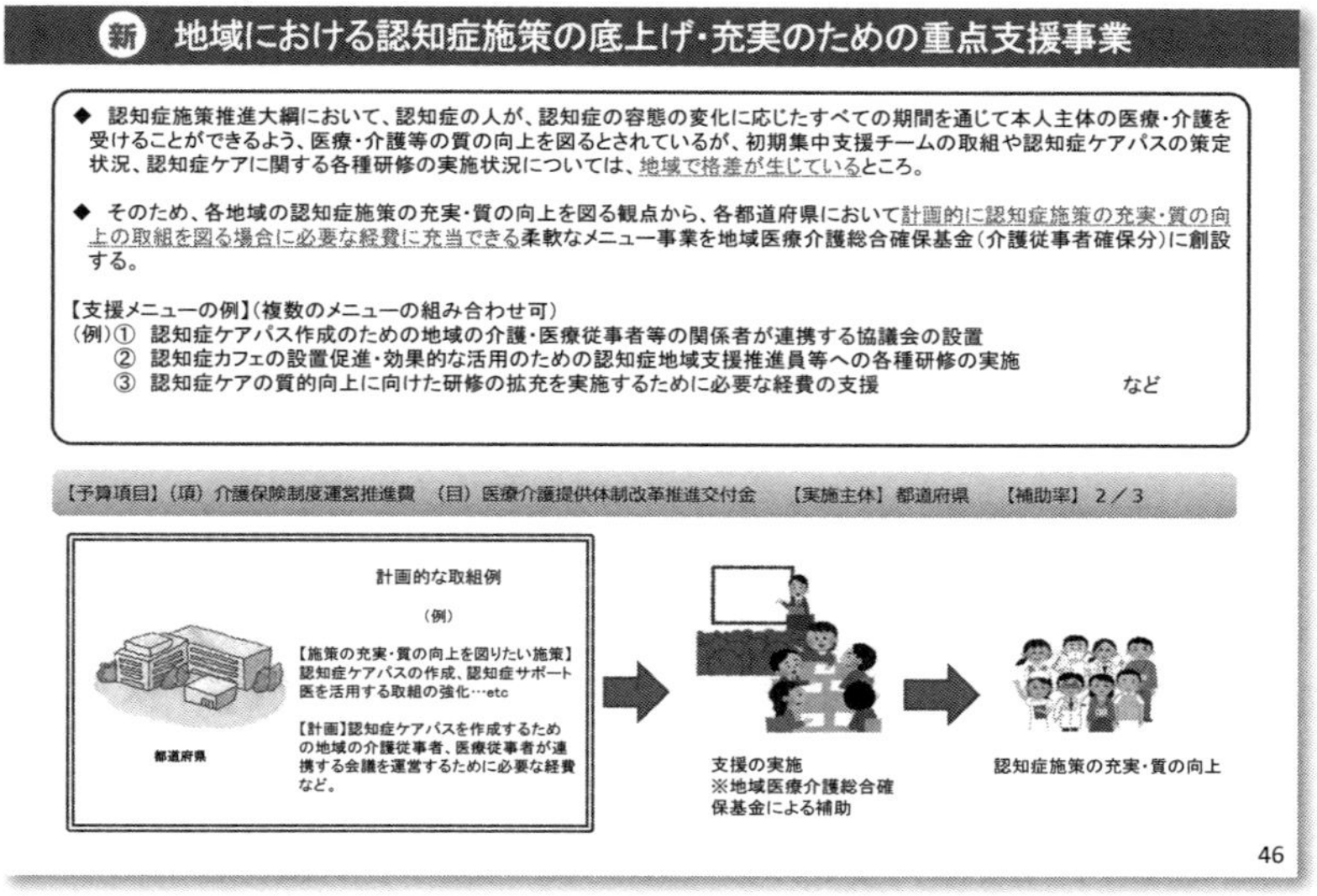

出典：厚生労働省「令和4年度予算案の概要（老健局）」
https://www.mhlw.go.jp/wp/yosan/yosan/22syokanyosan/dl/gaiyo-13.pdf

り、全国で良い政策を進めたい場合は、この国の補助金があるケースであっても、自治体がその予算を活用するように後押しする必要があるわけです。国単位では重大な課題になっていなくても、地域の事情などにより、国に先行して、自治体が独自に政策を実施した方がよい場合もあります。

このように国だけでなく自治体への政策提案も重要になってきます。そのために地方自治体の予算や条例がどう決まるのかを知っておくことは有益なのです。

地方自治体における具体的な政策決定プロセス

予算案を考えるのは誰か

まず、自治体の予算要求は、各部局からのボトムアップが基本で、予算案を考えるのは、各部局の職員です。自治体は国と比べると現場が近いという特色があります。つまり職員が、現場のファクトをつかんで政策をつくりやすい土壌があるわけです。

特に、長年の経験や地域への理解がものをいう分野については、現場（例えば児童相談所の職員、自治会の担当職員）の意見を踏まえつつ、その政策を担当している課で立案することが通常のプロセスになってきます。

しかしながら、最近では公務員の長年の経験が生かせない分野も増えています。例えば、ＤＸや働き方改革などがその筆頭です。専門的な知識、外部の知見が必要な政策で、これまでの公務員としての知見の蓄積では対応できないような場合には、知事の意向を汲んでトップダウンで政策を実現する知事部局のような部署が担当することもあります。

また、複数の部署にまたがる政策の場合は、一段上の立場から知事部局がハブの役割を果たすこともあります。提案したい政策の性質を踏まえた上で、どの部局に相談すべきか、事前に整理する必要があります。

予算編成のスケジュール

自治体の予算編成の流れは以下のようになっています。もちろん各自治体によって少しずつ異なりますが、基本はこのようなイメージです。

九月……………予算編成方針の公表
一〇月下旬 …………各部局からの予算要求期限
一二月下旬まで ……財政部局による査定
一月……………市長査定
二月……………予算案確定・議会への提出

二月～三月………議会の審議・可決

予算編成方針

自治体の予算のプロセスは秋の予算編成方針の公表から始まります。予算編成方針とは、財政部局（国でいう財務省）が各部局（国でいう厚労省、農水省など）に対して、次年度要求すべき予算の内容・額を示すものです。財務省が各省庁に対して示す概算要求基準と同じようなものです。

予算編成方針には、予算要求の上限、歳出削減を行う項目、重点的政策として昨年度比でプラスの要求を認める項目などが示されることが通常です[5]。

予算編成方針がなければ、各部局が無尽蔵に要求してきた予算を削らないといけなくなるので、財政部局の負荷が高くなります。そのため、予め基準を示し、負荷を減らすという意味もあります。また、次年度に重点的に要求すべき分野を示すことで、各部局がメリハリの付いた予算要求をしやすくなるという側面もあります。

財政部局による査定——予算が認められやすい場合とは

予算編成方針を受け、各部局が予算要求を行った後は、財政部局と各部局との交渉が始まります。

財政部局が重視するポイントは以下の通りです。

① 資金面のサポートがあるか

自治体の財政状況は一部を除いてどこも厳しく、新しく事業を始めるにあたって、一〇〇%その自治体の持ち出しで実施することはとても難しいのが現状です。そのため、財政部局は国などから資金の支援があるのかを気にします。

つまり、政策を提案する側からすると、国や県の予算から、提案したい事業に適用できそうな予算を予め調べておくことが大事になってきます。

国の次年度の予算が公表されるのは八月末ですが、前年度の国の当初予算の時点で予算がついていれば、次年度も継続の可能性は高いので、提案を行う時点での国家予算で関係がありそうなものを示しつつ、新しい政策を実現しても自治体の負担が少ないことを強調することは重要でしょう。

② 同規模の自治体の状況

自治体は横並び意識が強いです。議会において「〇〇市では実施しているこの政策を私たちが実施していない理由は何か」のような質問が挙がることはよくあります。

特に気にするのは、同じような規模（中核市、政令市といった区分）の自治体でその政策を実施しているかどうかです。財政部局も査定の段階で他の自治体の動向を担当部局に確認させ、実施の判断材料とすることもあります。

つまり、政策を提案する側からすると、他の同規模の自治体で導入した実績があれば、それを提案資料に盛り込むことによって、担当者が予算を通すための後押しができるということになります。

③　執行可能性

たいていの場合、予算をつけると職員の業務負荷は重くなります。新しい予算をとったとしても、現在の人員体制で処理しきれる業務量に収まるのか、なども財政部局がチェックするポイントです。業務量がオーバーフローして、予算が消化されないという結果を避けるためです。

この観点を踏まえると、政策提案の際には、新しい予算を実施しても、業務負荷がさほど増えないこと、増えない工夫を施せることを示すのも大事です。例えば児童相談所の業務を効率化するために、児童虐待の通報電話の内容を自動的に要約するシステムの導入を提案したとします。初めはトライアルなので安くします、と提案したところで、システム導入に人的コストを多く割かなければならないとなると、役所側は二の足を踏んでしまいます。ですから、新システムの導入でも現場職員の負担を増やすことにはならない、むしろ業務改善につながる、中長期的にはコスト削減につながる、といったロジックを組み立てておくことが必要になります。

④ 緊急性

あまたある新規予算の提案の中で優先順位をつけるためには、その年に実施しなければならない理由の有無も大事になってきます。

緊急性を担保する材料としては、骨太の方針、成長戦略などの国の方針や大きな事件事故（特にその地域での事件事故）の発生などが考えられます。例えば、大きな災害が起きた地域では、次年度に防災関係の予算が積み増されることは想像に難くありません。

政策提案をする場合には、その政策に関連する政府の方針や事件事故の発生状況などを予め調べておくことをお勧めします。

⑤ 予算の効率化につながるか

財政部局は、自治体が健全な財政を将来にわたって維持することを、組織としての一つの目的としています。そんな彼らに伝わりやすいのは、その予算を実施することにより、既存の予算をスリム化することができる、というロジックです。例えば、高齢者の健康維持への新たな支出を行うことで、介護を必要とする市民を減らすことができる（＝介護にかかる予算を効率化できる）、とか、若年世代に対して妊娠に関する正しい知識を伝えることによって、将来、不妊治療に悩む人々を減らすことができる（＝不妊治療の助成を必要とする将来世代の割合を減らすことができる）、といった説明をするイメージです。

このように、新しい予算が効率的な予算の使い方につながるという説明は、財政部局を納得させるために有効な手法です。皆さんが担当部局に政策提案する際には、この考え方をぜひ提案資料に入れて、担当者が財政当局と折衝する際の「武器」を持たせてあげましょう。

市長査定

財政部局と各部局の折衝を行ったものの、折り合いがつかなかった案件について、最終的に市長の判断を仰ぐことになるのが市長査定です。この市長査定が終わった後に最終的な予算案が公表され、議会にかけられます。

実施計画の重要性

ここまで、一般的に公表されている予算のプロセスを解説しました。ただし、実際には予算編成方針の前から駆け引きが始まっていることに注意しなければなりません。それは「実施計画」への記載です。

実施計画とは、その自治体の将来ビジョンと実現のための各種政策、そのスケジュールなどを示した資料です。将来にわたってその町の政策の方向性を示すものでとても重要です。国でいうところの、骨太の方針や成長戦略に当たるものといえるでしょう。

予算編成方針が公表される前の春から秋（自治体によって時期は変わります）にかけて毎年度、自治体の「総合計画（実施計画よりもさらに長期のビジョンを描くもの）」に沿って政策をブレイクダウンした実施計画の改定プロセスがあり、その中で次年度の予算要求で各部局が求める内容があらかた記載されるのです。例えば、下関市の実施計画には、現在実施されている事業や今後実施する予定の事業について記載がされています。[6]

当然各部局も新しい政策を実施しようとする場合は、まずこの計画に載せることを目指します。実施計画に載っていない政策であっても予算要求することはできますが、その場合、実施計画に載っていない理由から財政部局に説明しなくてはならず、当然予算化のハードルは上がることになります。実施計画に載っていないもので、予算化の可能性が高いものは、例えば新型コロナウイルスの対応で急遽必要になった予算など緊急な政策がほとんどです。

つまり、自治体で新たな政策を実現しようとするならば、この実施計画が策定される夏以前の段階で、各部局の担当者への働きかけが必要ということになります。

自治体職員の政策への関わり

自治体の政策立案は各部局からのボトムアップが基本です。現場を知る職員が住民や中間組織の声を聞き取った結果を、各課の単位で政策化し、夏頃に改定する実施計画に載せることで、予算化・条例化の道筋を付けます。

国の官僚との最大の違いは、自治体の職員は政策の受け手である市民と直に接することができるし、それが強く求められることです。

政策の中には地域の協力がなければ成り立たないものもあるので、市民や地域の団体（商工会、観光協会、社協、自治会、地域協議会など）の意見を聞くことはとても重要なのです。逆にいえば、地域の団体の賛同・後押しを得られているかが、政策実現のカギを握るといっても過言ではありません。

例えば、支援対象児童等見守り強化事業という、支援が必要な家庭に民間団体とも連携して、食事を届けたり見守ったりするための予算（補助金）を国は計上しています。[7] しかし、国が補助金を用意していても、実際に事業を実施するかどうかは、それぞれの自治体の判断となります。

この事業を自治体で実施するには少なくとも、

- 子育て支援を行う民間団体
- 市町村の児童福祉担当部局

の協力が必要です。

自治体が予算を確保しても、事業を受託して実行してくれる団体がいなかったり、体制が整っていなかったりすると、その予算はうまく使われません。そのため、担当部局がこの政策を実現しようと自治体の財政部局に提案したとしても、予算査定の段階で、関係団体の了解がうまくとれていない場合には、まずは関係団体とのコミュニケーションから始めましょうと言われてしまい、次年度の予算化は見送られるという結論になることもありえます。

つまり、国の予算がついていても、実際に事業を行う自治体でその予算を執行するための条件が揃っていなければ、自治体は動かないということになります。

国の予算を活用した事業の実施を提案するような場合には、その事業をちゃんと実施してくれる団体があることも共有すると、政策実現の道筋が見えて担当者を安心させることができます。

自治体議員の政策への関わり

地域の意見を聞くプロセスは自治体議員にとっても重要です。

例えば自民党会派に所属する大田区議会の議員は予算要求が本格化する夏前（二〇二一年は七月二六日～八月三日）に、中間組織との意見交換会を実施しています。[8] この意見交換会による業界要望に加えて、個別の議員が市民から聞き取ってきた地域の課題についても予算要望の中に入れていきます。

そして区長に対し、夏から秋にかけて、会派としての予算要望を提出（二〇二一年は八月一二日）しています。[9] この予算要望を踏まえて、自治体は次年度の予算をつくりこんでいきます。

なお、自治体によっては、四、五月頃から担当部局で予算の内容の検討を開始し、議員や中間組織などのステークホルダーとの調整を行い、夏頃までにある程度の予算の方向性について関係者と調整を終えるところもあります。

つまり、自治体職員の動きや夏頃に行われる会派ごとの意見交換会までの政策提案を見据え、春頃から関係部局や議員への政策提案をしていくことが必要となります。

首長の政策への関わり

ここまでの議論を踏まえると、遅くとも夏頃までに政策提案を開始しなければいけません。一方で、首長の意向がある場合にはかなり遅いタイミングでも予算に新しい項目を入れることができます。★

★ 自治体幹部経験者によると、１月末に予算を決めるような場合でも、その直前の１月中旬に首長の指示で新しい項目が組み込まれたこともあったそうです。また、首長の進めたい政策のために一定の予算額を確保することもあります。

首長のトップダウンを狙えるような提案が可能な場合は、夏を過ぎてからの政策提案もできるかもしれません。もちろん、そうだとしても、働きかけのタイミングは早いに越したことはありません。

役所や議会のキーパーソンと知り合うには

もし、幹部職員や首長と以前からの接点があるなら、そのルートを使って政策提案を行うのが近道です。政策決定を行うのは課長より上位の職員なので、そのような職位の高い職員に直接会うことができれば政策実現の可能性は高まります。飛び込みで営業した場合、役職が高くない職員が応対することになる可能性が高く、なかなか意思決定に結びつかないことが多いでしょう。

議員についても同様です。自治体においては、実態上首長の権限が強く、政策的提案のほとんどを首長が行っている、とする指摘もあります。[10] そのような状況下において、議員は、担当職員に特定の政策課題を認識させ、担当職員を通じて政策実現を図ることもあります。議員が「これは政策に反映した方がよさそうだ」と思ってくれた場合は、担当職員につないで、より詳しい対話の場を用意してくれることがあります。

もちろん、飛び込みでも会ってくれる議員はいると思いますが、営業を行う前に、なるべく日頃から考え方の近い議員と関係づくりをしておくことができれば、よりスムーズに話が進むでしょう。なお、議員の場合は、首長と関係が近い議員や最大会派の議員であるかどうかも働きかけの際に考慮すべきポイントになります。

もし、幹部職員、議員、首長と以前からの接点がない場合はどうするとよいでしょうか。彼らとの関係を自然に作る一つの方法として、地域の団体も巻き込み、特定の政策に関する勉強会やシンポジウムを行い、彼らに参加してもらうことも一案です。地域を良くするための企画であれば、職員や議員の登壇の可能性は高まります。

また、自治体の事業やイベントに参加したり、予算の執行団体になることも一つです。自治体の予算を使うことで、担当者とコミュニケーションをとることができますし、実際に予算を使った結果として生まれてくる政策提案は、自治体の職員にとってもありがたいものになるはずです。

新しい政策が実現しやすい東京都

ヨーロッパ諸国に匹敵する東京都の予算規模

制度改正によって自治体が国と並び立つ権限を持つようになったとはいえ、それぞれの自治体で予算規模には大きな違いがあります。

自治体の収入の中心は地方税です。皆さんが何気なく支払っている税金の中には、国に納めている国税と、都道府県と市町村に納めている地方税の二種類があります。

住民税などは、給与明細で天引きされているものですが、地方税として地方自治体の収入となります。ただし、地方税だけでは自治体に必要なサービスを賄えないと判断される場合に、国が自治体に配分する税金があります。それが地方交付税です。

いわば、自前の収入で自治体の経営がまかなえない場合に国から配られるお金が地方交付税です。地方交付税を受け取ることで国にある意味で依存する形となってしまいますが、この地方交付税を受けていない都道府県が一つだけあります。東京都です。

東京都は、昭和二九年に交付税の制度ができて以来、普通交付税（地方交付税のうち全国一律の基準により配分されるもの）をずっと受けていない、「金持ち」自治体です。

二〇二四年の予算総額は約一六・六兆円ですが、これはチェコ（一四・五兆円）やスウェーデン（一九・〇兆円）に匹敵する規模です。[11] 一自治体だけで、他国の予算に匹敵する規模の事業を運営しているわけですから、政策に関わる人たちにとっても東京都との関係はとても重要になります。

自治体では新しい事業を実施しようとするときに、他の自治体の先進事例を参考にして導入することがよくあります。東京都はその豊富な税収を背景として、新規事業の実現例も多く、二〇二四年には七四一件もの新しい事業を開始しています。[12] 東京都で始まった政策が他の地域に波及するということも十分にありうるのです。

東京都と他の自治体の最大の違い

他の自治体と東京都の最大の違いは、その税収の潤沢さに裏打ちされた新しい政策実現へのモチベーションの高さです。

新しい政策を実現するには、つまるところ十分な税収が必要です。先ほどご紹介した二〇二四年度の地方交付税の不交付団体は約一八〇〇ある自治体のうちわずか八三自治体です。[13] つまり一般的な自治体では十分な税収がないことが前提なので、予算化には高いハードルがあります。新しい予算をつくる場合には、別の予算を減らすことをセットにしなければなりません。いわゆるスクラップ&ビルドが基本になります。

その点、東京都は、税収入も好調です。二〇二四年は昨年度比で一八五五億円の収入増ですし、将来の歳出に備え積み立てている基金も（近年減少傾向にありますが）一・六兆円近くあります。[14]

都庁の課長経験者によると「他の県では新しいことはやらなくてもいいというスタンスかもしれないが、都は新しいことをどんどんやろうという雰囲気がある。数億円単位の事業を短期間で考えなければいけないこともあった」とのことでした。新しい事業を実現する土壌が、他の自治体と比べて非常に強いのが東京都といえます。

東京都の予算編成のスケジュール

東京都の予算編成の流れは以下のようなイメージです。

六・七月……………課内で次年度の予算内容の検討開始
八・九月……………予算額など詳細を検討／都議会自民党などによる団体ヒアリング
一〇月一日…………各局の予算を財務局に提出
一一・一二月………財務局による査定
一月…………………知事査定
一月末………………予算案確定・議会への提出
二月〜三月…………議会の審議・可決

六月から来年度予算について課内の検討が開始されます。新規事業を考えるキーパーソンは課長級の職員で、四、五月頃から彼らの頭の中での検討は始まっているそうです。
七月ぐらいまで課内で次年度の政策を検討し、九月に局内で内容を固め、一〇月一日に財務局に予算案を提出します。その後一二月頃まで財務局による査定が行われ、一月の知事査定後、予算案が確定し、議会にかけられるという流れです。

東京都のキーパーソンは予算をどう考えているか

東京都の事業を考えるのは課長級がメインです。予算案を考えるにあたっては、①他の自治体の先進事例を調査したり、②現場訪問でヒントを得たり、③国の政策を踏まえたりします。

①については、一般的に自治体の政策立案でよく使われる手法で、他の都道府県などでうまくいっている事例を自分たちの自治体に持ってくるものです。

②については、先進的な取り組みを行っている企業などを訪問して、好事例を都内で広めるためのヒントを得るものです。まったくつながりのない民間企業から現場訪問を急に依頼されても、現場に課長級が来てくれることは少ないと思われますが、四、五月頃は「新しい予算事業をひねり出すのに悩んでいる」（課長経験者談）とのことでした。

新しい予算事業を考えている時期は、民間サイドからの政策提案にも応じてくれる可能性は高そうです。

③については、いわゆる上乗せ事業です。例えばコロナ禍では、中小法人や個人事業主のために、月上限二〇万円（中小法人の場合）の補助金が支給されていました。東京都では、国の補助金に加算、適用事業者を拡大する形で「東京都中小企業者等月次支援給付金」という予算事業を新設し、追加の補助金支給をしていました。[15]

このことを踏まえると、国の制度改正のタイミングなどに合わせ、都内の事業者などに上乗せで支援を行うようなスキームの政策提案であれば、都の担当者に受け入れられる可能性が高いといえそうです。

都議会の政策への関与

ここまでは都の政策決定に職員がどのように関わるかについてでした。ここからは都議会議員の予算との関わりです。その中心は八・九月頃の団体ヒアリングになります。

例えば、都議会自民党は八月末から九月にかけて、各種団体からヒアリングを行っています。[16]このようなヒアリング対象者や団体には、政党から事前に案内が送られることが通常です。そのため、政党を通じて政策に影響を与えるためには、日頃から議員とコミュニケーションをとり、ヒアリングに呼ぶべき団体であると認知されることが必要です。

また、議員経由で民間の団体から面会を申し込まれた場合は、行政側も受ける傾向があるようです。議員とのつてがある場合は、議員経由で面会の打診をした方が、政策立案の主体である都庁の課長級に会える確率は高まるでしょう。

好事例を全国に横展開する——データヘルス計画と糖尿病予防政策

国の政策はいわば、企業にとっての商品ですが、その政策をつくるための原資は皆さんから集めた税金ですし、ひとたび政策がつくられれば、おいそれとやめたり、変えたりすることはできません。新しく政策を実現しようとする場合には、その政策が「今必要とされているものである」こともそうですが、同時に「成功する可能性が高いもの」であることが必要です。

どのような政策がそれに当たるかは様々です。例えば、志のある現場の実践者の取り組みが国の政策担当者の目に留まることもありますし、研究者が積み重ねたエビデンスを元に政策がつくられることもあります。また、海外でうまくいっている取り組みが日本に輸入されるケースもあります。つまり、「この政策なら、前例やエビデンスがあるから、全国で実施しても問題ない」と言えるだけの何かが必要だということです。

新しい政策へのハードルを下げる

そんな「成功する可能性が高い」政策の一つに、地域で成功した政策があります。都道府県や市町村単位で小さく始めた事業が、効果的であることが認知され、全国的に横展開される場合です。例えば、地方発で全国展開された政策の一つに、糖尿病予防を含むデータヘルス政策があります。

皆さんも体調がわるくなった時には病院で診療を受け、医師からもらった処方箋に基づいて薬局でお薬をもらったりすることがあるかと思います。また、四〇歳以上の方の場合は、糖尿病や高血圧症などいわゆる生活習慣病を防ぐために特定検診（メタボ健診）を受けている方もいるでしょう。これらの結果は記録され、より良い医療サービスのための研究などに利活用されています。

データヘルス計画とは、この健診結果やレセプトデータ（医療機関が発行する「診療報酬明細書」のことで、どのような治療を受けたかが分かります）を健康保険組合や市町村などが分析し、それに基づいて保険加入者の健康課題を改善するために策定された計画です。このデータヘルス計画の中には、糖尿病の重症化を防ぐための事業なども含まれます。

このデータヘルス計画は全国で実施され、国からも継続的に予算が組まれていますが、実は、広島県呉市で実施されていた事業が全国的に展開されたものなのです。

地方自治体のどこかですでに実践されていれば、ノウハウも蓄積されており、国でイチから新しく政策を始めるよりもよっぽどハードルが低くなります。

逆に良い仕組みを国の政策にとり入れてほしいと考えている場合、いきなり国という高いハードルを越えようとするより、小さく自治体などで取り組みを開始し、好事例を作り上げた後に国の政策にすることを目指す方が現実的な場合もあります。

全国展開に必須の三つのフロー

政策を全国展開するといっても、どんなものでも可能なわけではありません。地方の政策を国で実現するためのフローは、以下のようになります。

①　自治体で取り組みが成功すること

まず、当たり前ですが、その取り組みが地方で成功していることが必要です。地方で成功していない政策が国で成功する可能性は当然ながら低いですし、国の政策とするインセンティブも低いでしょう。

②　国が実証すること

自治体で成功しているものを、国がそのまま導入することはあまりありません。もしかすると、その地域の特殊性が成功の背景にあるかもしれないからです。一般的には国の予算で都市部、地方部、山間地域などいくつかの自治体においてモデル事業を実施した上で、どこの自治体でもそれなりにうまくいくことが確認された場合に国の政策として実現される場合が多いです。

③　自治体が実施するための支援を国が行うこと

国が全国展開すると決めたとしても、あまねく地方でその政策を実施するためには、お金と知恵が必要です。自治体の財政状況はどこも厳しいですから、自治体がその政策を実現するための予算を国が配分すること（お金）が必要です。さらにどこの自治体でも政策を実現できるよう、ガイドラインの策定や関係団体との連携による知見共有（知恵）も必要になってきます。

政策の全国展開のポイント1――自治体での成功

データヘルスの要諦は、レセプトデータや、健診データを活用して保健師などが必要な介入（電話や面談などを活用した指導）を行うことで健康状態の改善を目指すことにあります。

呉市では二〇一〇年からこれらのデータを使って、糖尿病の重症化リスクが高い人に対して、看護師による支援を実施する取り組みを始めました。その結果、血糖のコントロール状況などの改善がみられたことを報告しました[17]。

このように全国展開に必須のフローである「自治体で取り組みが成功」したことにより、国も呉市の取り組みに注目します。国の成長戦略を議論する当時の会議体である産業競争力会議（二〇一三年四月）において、疾病予防の好事例として紹介されました[18]。

その後、国の成長戦略に関する当時の閣議決定文書である「日本再興戦略」において、データヘルス計画の策定や糖尿病の重症化予防事業の横展開について以下のような記載がされました。[19]

全ての健康保険組合に対し、レセプト等のデータの分析、それに基づく加入者の健康保持増進のための事業計画として「データヘルス計画（仮称）」の作成・公表、事業実施、評価等の取組を求めるとともに、市町村国保が同様の取組を行うことを推進する。

糖尿病性腎症患者の人工透析導入を予防する重症化予防事業等の好事例について、来年度内に横展開を開始できるよう……概算要求等に反映させる。

そして、二〇一四年二月に策定された補正予算でも、データヘルス計画の策定のための支援予算が新設され、二〇一四年三月には保険者がデータヘルス計画の策定を行うことが、告示でも明記（＝データヘルス計画の全国展開）されました。[20]

自治体での好事例創出→国の会議での言及→全国展開という理想的な流れが実現した形です。

この事例から得られる示唆としては、その政策が地域の課題解決に資することに加えて、「革新的であること」「国の他の重要な課題解決に資すること」も、国の政策に引き上げられるかどうかのメルクマールになりそうです。

革新的で目新しい政策は政権の目玉として発信できるという利点があります。また、国の優先順位の高い課題解決に資するものであれば、優先して政府が取り組みやすくもあります。

それまで日本では、レセプトデータや健診データを利用して、リスクが高い人に集中的に介入する手法は取られていなかったため、この取り組みはとても革新的なものでした。

また、第一次政権での反省から、何よりもまず経済成長政策を重視した第二次安倍政権において、高齢化を経済成長につなげるというミッションが重要視されていたことと、呉市の取り組みに政権が注目したことは無関係とは言えないでしょう。[21]

政策の全国展開のポイント2——国による実証

さらに、二〇一五年から、この取り組みについての研究が開始されました。[22]

そして、二〇一六年からは全国九六自治体での実証事業を開始し、市町村が継続的に実施可能な手法や、介入プログラムの標準化に向けた検討が行われました。[23]

これは先ほど触れた「国が実証すること」に該当します。いろんな条件や制約を持つ複数の自治体で実証することで、全国に横展開するためのデータが出そろいます。

このように、まず自治体で好事例をつくった後、政府が実証事業をしてくれるように誘導していくことが効果的です。実証事業を国が行うためには科研費や予算の新設が必要になってきます。そのためには、政府の担当者の理解を得たり、必要に応じて議員の後押しを得たり、といった活動が必要になってきます。

政策の全国展開のポイント3――自治体向けのプログラム策定

糖尿病の重症化予防の取り組みについては、複数自治体での実証事業と前後して、二〇一六年四月に糖尿病性腎症重症化予防プログラムが策定されました。[24] 呉市などでの取り組みを横展開する、ということを明記した上で、関係者の役割分担、地域における連携、対象者への支援などについて解説しています。

このプログラムは、二〇一六年三月に、日本医師会と連携協定を結んだ上で策定が行われています。

その協定の中で、日本医師会が、プログラム策定後の都道府県医師会や郡市医師会への周知、かかりつけ医と専門医の連携体制構築の協力を行うことが明記されました。[25]

糖尿病性腎症重症化予防プログラムは全国に周知され、保険者努力支援制度（国から自治体への財政支援）の中にも組み込まれています。[26] また、二〇二三年の概算要求でも糖尿病性腎症重症化予防プログラムの改訂のための予算がつけられています。[27]

全国展開に必要なフローである「自治体が実施するための国の支援」をガイドラインの策定や予算確保により行った形です。

ここから得られる示唆は、全国展開（地方での政策実現にも有用ですが）のためには関係する団体の協力を押さえておくことが重要ということでしょう。政策を地域で実現する場合には、その地域で実際に活動している関係者の協力が不可欠です。中間組織のサポートを受けることができれば、政策を円滑に実現することができるようになります。

今回のケースでは厚労省が日本医師会と連携協定を結ぶことによって、地域の下部組織やかかりつけ医がプログラムに協力する体制をつくることができました。全国レベルの政策実現の際にはもちろんですが、地方で政策を実現する場合にも関係団体の協力を得る手はずを整えておくことは重要になるでしょう。

第11章

政策提案の勘所

――四つのケーススタディ

ここまで、より良い政策づくりに参加するために知っておくべき様々な知識をお伝えしてきました。知識は「活用」してこそ意味があります。そのためには、先人の経験を知ることが近道です。この章では、いくつかの政策提案の事例をここまで説明してきた知識と紐付けながら紹介します。

電動キックボードとライドシェア二つの事例

まず初めに、電動キックボードとライドシェアという二つのビジネスを取り上げます。結論からいうと、この二つは対照的な事例です。つまり、電動キックボードに関する政策提案は、その普及を後押しする方向性での法改正も行われたことから、成功した事例といえます。一方のライドシェアは、結果的に失敗した事例といえます。

この二つの事例を比べてみると、皆さんがどう動くべきかが分かってくるはずです。

実証実験中止となったウーバー

日本では、ウーバーイーツでも有名なウーバーですが、日本市場に参入したばかりの二〇一五年頃は、「ライドシェア（＝お金をもらって自家用車で人を運ぶサービス）」を普及させることに関心を示していました。

ライドシェアを日本で実現するためには、規制のハードルがあります。車を使って有料で人を運ぶためには、国土交通大臣の許可が必要（道路運送法）ですが、許可がない場合、それは「白タク」行為として罰せられるからです。

二〇一五年当時も、例外的に認められる制度はありましたが、福祉目的や過疎地域など、バス、タクシーの利用が難しいことが想定されていた仕組みでした。[1] 誰でも、どこでも「自家用車を使って人を有料で運ぶ」ために使える制度ではありませんでした。

二〇一五年二月五日、ウーバーは福岡市周辺でライドシェアの実証事業を開始します。当時の朝日新聞によれば、利用者がスマートフォンのアプリで空車を見つけ、事前登録した人の自家用車で目的地まで連れて行ってもらうものでした。[2]

実験開始から約三週間後の二月二七日、国交省は「白タク」行為に当たる可能性が高いとして、実験をやめるよう行政指導をしました。これにより、ウーバーは実証実験の中止を余儀なくされます。

電動キックボードの事例

一方、最近の事例で注目すべきなのが、電動キックボード事業者による規制緩和です。電動キックボードは、欧米などでラストワンマイル（目的地までの最後の道のり。観光名所とその最寄り駅の間のようなイメージ）を解決する乗り物として急速に普及しました。

ただし、二〇二一年の段階では、日本では原付と同じものとみなされ、

- 免許なしでは乗れない
- 車道を通行しなければいけない
- ヘルメットが必要

などといった規制がかけられていました。

しかし、業界からの提案が成功し、一定の範囲（地域や実施主体に制限有）で、自転車専用の道路を通ることが可能となり、ヘルメットの着用義務が緩和されるなど、規制の特例措置★が認められます。二〇二二年四月には道路交通法の一部を改正する法律が成立し、電動キックボードには免許不要、ヘルメット着用は努力義務、車道走行が原則だが、一定の場合には歩道走行も可といった制度改正が実現しています。

なぜウーバーは中止に追い込まれ、電動キックボードの事例は成功したのでしょうか。

★ この特例措置は新事業特例制度という規制改革のための仕組みを活用しています。

ウーバーの失敗その１――規制官庁とのコミュニケーションの軽視

ウーバーの実証事業に行政指導がなされた後、国土交通省の担当課長が NewsPicks のインタビューに答えて、以下のように振り返っています。

国交省としては、２月５日の実験開始時点から、ウーバー側に「きちんと法令を守っているのか」「どのような実験プロジェクトになっているのか」ということについて再三、説明を求めてきたが、なかなか返答は得られなかった。

開始の２日前の夜に初めて説明を受けたが一番最初は「無償」との説明だった。こちらから質問する中でドライバーにデータ取得の対価を払うとの説明があった。口頭の説明だったため実験内容の詳細についての資料を求めたが翌日にも提出がなく、重ねて求めていた。[3]

担当課長の発言を見る限り、ウーバー側は規制を担当する国交省とほとんど事前に調整していなかったようです。規制を変えたい場合、規制官庁との丁寧なコミュニケーションをとらずして、期待する成果が得られることはまずありません。それは、政治家の後押しを得たとしても同じです。

第二章でこれまでにない画期的な政策の実現が難しい理由について解説しましたが、皆さんの提案に官僚が色よい返事を示さない場合には、さらにその理由を深掘りしてみることが必要です。その一つの方法として法律の第一条を見てみることが有用です。

法律の第一条には、たいていその法律をつくった目的が書いてあります。その法律を所管する官庁の官僚はその目的を達成するために仕事をしているのです。

先ほどの国交省担当課長は、

結局、守るべきところは利用者の安全や、利便性の確保であり、本質的なところは変わらない。

今回、ウーバーに指摘した点も、新しい試みだから特別なことを求めたのではなく、契約関係や保険、報酬の支払いなどの、新しいとか古いとかには関係ない基本的な点だ。守るべきは、利用者だ。利用者に不都合なことがあってはいけないというところに最終的には行き着く。[4]

とインタビューの中で断言していますが、これは個人的な見解ではありません。

道路運送法の第一条を見てみましょう。

（目的）

第一条　この法律は、……輸送の安全を確保し、道路運送の利用者の利益の保護及びその利便の増進を図るとともに、……もつて公共の福祉を増進することを目的とする。

担当課長の発言内容とほとんど同じ趣旨ではないでしょうか。担当課長は道路交通法の第一条を踏まえてインタビューに答えていたはずです。

行政の規制権限は法律によって与えられているので、担当課長がこのように発言するのは、官僚として当然です。もし、規制を緩和して、国民が危険にさらされるようなことが起こったり、社会に悪影響が起きたときに、責任を問われるのは常に規制官庁ですから、これまでにない新しいことを実施する前に慎重になるのが普通でしょう。

だから、規制を変える必要性を規制官庁に納得してもらうためには、安心してもらうことがとても大事なのです。

規制を変えようと働きかける起業家の中には、規制の根っこにある法律の目的（第一条）を理解せずに、単に利便性や収益性があるからと規制緩和を求めるケースがあります。

投資家への説明はそれでよいかもしれません。しかし、規制官庁と対話する時は法律の目的を理解して、相手と同じ土俵に立つ必要があります。今回のケースでは、実験開始の二日前に初めてウーバー側から説明を受けたと課長は話しています。十分に相談もせずに、実証実験を始めてしまうような企業を規制官庁側が信用できるわけがありません。万一、事故などがあっても、ちゃんと報告せず、役所の指導も聞かないかもしれないからです。

もちろん、規制を変えるためには規制官庁が理解するだけではなく、反対する団体・国会議員の理解も必要になります。しかし、そのような政治的な課題の前に、まずは、安心・安全を確保できているかを検証して、それを規制官庁へ丁寧に説明することが、必ず越えないといけない最初のハードルになります。

ウーバーの失敗その2——ネガティブなメディア露出

規制緩和を求める場合には、メディアなどで懸念が示されたり、批判されたりしないように細心の注意を払う必要があります。メディアで取り上げられるということは、社会の関心事になるということです。状況を静観していた反対派の人たちも、望まない規制緩和がなされないよう、付き合いのある国会議員を通じて、反対意見を提起してきたりします。

また、反対の論調が先行してしまうと、国会議員も及び腰になり、サポートも得られにくくなります。行政ともよく連携し、自分たちのビジネスがうまくいくということだけでなく、「社会のためになるのだ」ということを発信することが必要です。

今回のケースでは、国交省の指導を受けたウーバーの実証実験中止（事実関係だけで十分にネガティブな内容であることが分かります）を朝日新聞などが取り上げたことで、規制についての国の議論に大きな影響が出ています。

例えば、メディアで取り上げられた直後から、国会では与党・野党両方の国会議員が実証事業に反対の立場から質問・指摘をしています。

鬼木誠（自民党）：ウーバー社がことし二月に福岡で実験的にスタートしたライドシェアについてお尋ねいたします。

……本質的な問題点を指摘させていただきたいと思います。

……一つは、ドライバーが無資格の一般人であるという点でございます。

……そして次に、事故が起こったときの問題でございます。

……一般の保険が、……ライドシェアで……事故を起こしたというときに、本当に保険金がおりるのかということが定かでない……。これらの安全上、法律上の問題点を抱えるライドシェアについて国交省はいかがお考えになるか、お尋ねいたします。[5]

金子洋一（民主党）：福岡で白タク行為を実験と称して行っておりましたウーバー社についてお尋ねをいたします。……事故発生時に損害補償会社が白タク行為をやっていたときにもきちんと保険金を払うのかどうかについて、……国交省さんが再チェックをしたら本当に払われるかどうかよく分からないというようなこともありました。極めてずさんな会社です。……これ、大変厳しい態度で臨まなければいけないと思うんですが、国交省、いかがお考えでしょうか。

吉田忠智（社民党）：国交省が適切な行政指導をしたことは評価をします……。……海外でのウーバーのビジネスモデルに鑑みれば、より厳重なペナルティーが必要だったのではないでしょうか。[6]

規制官庁に十分に説明をしなかったことで、国会でも悪い方向で大きく取り上げられる結果となってしまいました。

実際に事業を始める前の実証実験のような段階では、規制官庁側の懸念をよく聞き取り、すり合わせをしっかりすることの大切さがこの事例からよく分かるのではないでしょうか。

電動キックボード業界の成功その１――法律を守った実証実験

電動キックボードの事業者はいくつかありますが、その一つであるLuupは二〇一九年四月に複数の自治体と連携協定を結び、六月頃から公園内などでの移動で実証実験を行い、利用者の声などを踏まえた安全性の検証を行っていました[7]。

第一〇章で説明したように自治体で小さく実証実験を始めるのはとても良いアプローチです。

官僚は、新しい政策を実施する際に、できるだけリスクを減らしておきたい、成功する可能性が高いものを実施したいと考えます。なので、自治体ですでにうまくいった事例、検証された事例があると官僚側もその提案を受け入れやすいのです。このような新しい試みは都心部に比べると地方では珍しいので、新聞の地域版で好意的に取り上げてもらいやすいというメリットもあります。地域の人に知ってもらえる、好意的な世論を喚起できるという好循環が生まれます。

二〇一九年一〇月には、規制のサンドボックス制度★を活用し、Luupなどの事業者が大学構内の車両が走行する道と歩行者道で電動キックボードを利用する実験を行いました[8]。

★　制限された環境（砂場）における実証実験を通して規制緩和を目指す制度です。

電動キックボードを公道で走らせる場合、道路交通法上の原付とみなされ、運転免許やヘルメットの着用が義務付けられ、規制の対象となります。しかし、規制のサンドボックス制度のもとでの実証実験は、公道ではなく大学の敷地内を疑似的な道路として実験の場としたことなどから、特例措置なく、つまり規制の改正をしなくても、既存の法令の範囲内で実証実験を行えることを国家公安委員会が認めています。[9]

ウーバーが実証実験を行った際には規制のサンドボックス制度はなかった（同制度は二〇一八年六月創設）とはいえ、電動キックボードの事例では、現行の規制に抵触することは避け、規制官庁とも対話をして合意をとった上で実証実験を実施していることが分かります。

電動キックボード業界の成功その2――国会での後押し

Luupが複数の自治体と連携協定を結んでから約一か月後の二〇一九年五月一〇日、国会でも電動キックボードの質問がされました。質問したのは、自民党の三谷英弘議員です。

三谷英弘（自民党）：立ち乗り電動キックボードについての質問をさせていただきます。……（※筆者注：高齢者の自動車事故に関して）高齢者はやはり免許を自主返納した方がいい……。しかしながら、じゃ、返納してしまった後にどうやって移動の手段を確保していくのか……。

そういった観点から、いわゆる免許が要らないけれども乗れるもの的なものを少し自由度を高めたらいいんじゃないかなと……思っている……、そういった観点に限らず、世界では、そのラストワンマイルを解決する手段として、……最近ではいわゆる電動キックボードというものがよく使われているわけでございます。[10]

お読みいただければ分かるように、電動キックボードを取り巻く規制の緩和をサポートする観点から質問をしています。
ウーバーの事例では、与野党ともに、規制緩和に反対のスタンスから質問をしていたのとは対照的です。また、二〇一九年五月一〇日以降も、電動キックボードのための規制緩和の後押しとなるような質問が多くされています。[11]
今回の事例において、電動キックボード業界が三谷議員に対し、事前に政策提案をしていたか、それを受けて彼が質問したのかは、オープンな情報からは明らかではないですが、関係する委員会に所属する国会議員などへサポートをお願いすることが有効であることは間違いないでしょう。

電動キックボード業界の成功その3——議連の強力なサポート

先ほど触れた三谷議員の国会での質問の直後、Luup等の電動キックボード事業者らにより、「マイクロモビリティ推進協議会」が設立され、自民党の有志により「Maas推進議連」が立ち上げられています。三谷議員はこのMaas推進議連で、電動キックボードを含むマイクロモビリティのプロジェクトチーム勉強会を電動キックボードの事業者らと主導するなど[12]、制度整備に尽力しています。

そこで、Maas推進議連が出した提言に官僚がどのように対応したか見てみましょう。

二〇二〇年六月に議連から、以下のような提言がなされています[13]（①〜③は筆者による追記）。

① 関係省庁が緊密に連携し、支援するとともに可能な限り早期に規制緩和を実現すること。

② 電動キックボードが自転車専用通行帯を含めた公道で走行できるよう……、産業競争力強化法に基づく規制の特例措置を講じること。

③ 運転者の要件、安全確保装置、走行場所等に関する特例措置について、令和3年前半目途に結論を得ること。

①については警察庁などが関係省庁と検討会を立ち上げたことにより実現しています。[14]
②については、法令の特例措置により、一定の制限（実施事業者、場所など）のもと、自転車専用の通行場所を通行できるようになりました。[15]
③については、①の検討会で中間報告書が出されたほか、[16]成長戦略実行計画（二〇二一年六月一八日閣議決定）で、法改正を行うことが明記されました。[17]そして、二〇二二年四月の法改正が実現します。

こうしてみると、Maas 推進議連の提言がほぼ実現されていると考えてよいのではないでしょうか。第六章で紹介したフェムテックの事例と同様に、議連のサポートは、規制官庁に動いてもらうためにとても有効だということが分かります。

二つの事例の対比から分かること

このように、ウーバーと電動キックボード事業者の行政・政治に対するスタンスが大きく違うことが見て取れます。

ウーバーの場合は、

・官僚とのコミュニケーションを軽視
・その結果生じた悪い事象をメディアで広く報じられる

ことにより、世論からも国会からもサポートを得ることが難しくなってしまいました。

電動キックボードの場合は、ライドシェアにおけるタクシー業界のように、明らかな反対勢力はいない（ように見受けられる）ことも、うまくいっている一因であるとは思います。

とはいえ、

・官僚の懸念をあおらず、現行の規制にそった実証実験
・政治家の後押し（国会質問、議連）を得るための努力

を適切に実施したことが、政策提案の成功につながったと考えられます。

男性育休義務化の法改正実現

次は、当事者としての目線から、政策を変えるうねりを作った事例です。以下は、「みらい子育て全国ネットワーク（miraco）」代表、天野妙さんにお話を伺った内容をベースにしています。実現した政策は男性育休義務化。政府は二〇二一年六月に制度改正を行い、

- 男性版産休の制度化
- 育休制度の個別周知、取得の意向確認の企業への義務化

を実現しましたが、その背景には、天野さんやその仲間による、政治家や官僚への粘り強い働きかけ、世論の後押しがありました。

ポイント１――仲間づくり

天野さんは二〇〇八年に第一子を出産、その後二〇一五年に第三子を妊娠します。妊娠当時の会社では、育児休業の取得対象に原則としてならない取締役として働いていました。妊娠発覚後、保育園が決まるまで休職できないか、と会社に掛け合いましたが、認められず結果的に退職

を余儀なくされます。

ちょうどその頃、「保育園落ちた日本死ね！！！」という匿名ブログが話題になっていました。保育園に入れないことが社会課題となり、天野さんの住む地域の母親たちも、自治体に対して新しく保育園を作るよう働きかけを行っていました。天野さんもその活動に参加します。自治体はいったんは保育園新設を打ち出したものの、建設予定地の住民の反対などにより業者が撤退。保育園の新設はストップしてしまいました。

この経験から、天野さんは、保育園の問題を国全体の課題にする必要があると感じ、miracoの前身である「希望するみんなが保育園に入れる社会をめざす会」を立ち上げます。最終的に男性育休義務化に焦点があたる活動ですが、当初は保育園問題からスタートしました。

ここでのポイントは、仲間とともに団体を立ち上げたことです。政策の原資となる税金というものの性質上、社会への公平な還元が重要になります。その観点からみると、仲間を集めて団体を立ち上げることは、「一人の訴えではない」ことをアピールする一つのアプローチといえるでしょう。

ポイント2――SNSによる「みんなの声」の可視化

次に天野さんたちは、ツイッター（現X）を活用して世論を盛り上げようと考えます。保育園に入れずに困っている人たちの声を可視化しようと、二〇一七年一月頃に「#保育園に入りたい」というハッシュタグを付けてツイッターに投稿するよう社会に働きかけました。

一月は自治体が保護者に対して、保育園に入れるかどうかを通知するタイミングです。保育園入園に関心が高まる時期だったこともあり、多くの親たちが「#保育園に入りたい」を付けて発信してくれたといいます。

ここでのポイントはＳＮＳを活用したことです。ＳＮＳの活用には二つの効果があります。

一つめは政治家に政策課題を認識させられることです。政府や国会議員はＳＮＳの動向をものすごく気にしています。株式会社ＪＸ通信社の二〇二一年五月の調査によると、ツイッターアカウントを持つ国会議員は、全体の七割を超えるそうです。[18]

ＳＮＳでの政策に対する批判も、拡散されれば、政策を決める力のある人たちが、目にすることになります。多くの国民が解決してほしいと思っていることを放置すれば、支持率の低下につながります。近年は、支持率が選挙結果に直結するので、支持率が一定水準を下回ると「この総理の下では選挙を戦えない」と与党内部から倒閣運動が起こりうることも政権にとってリスクです。つまり、ＳＮＳで注目を集めれば、政権もその問題を無視できなくなるのです。

二つめは新聞やテレビを通じて課題を広く拡散できることです。最近ではSNS上で盛り上がった話題について、新聞やテレビが取り上げることも珍しくありません。これにより、SNSを活用していない層も含めて、より多くの人が課題を認識するようになります。

天野さんのケースは、SNSでの発信・拡散が子育て中の親の代弁者としてのテレビ出演につながり、そこで共演した政治家と問題意識を共有することができました。そうしたつながりによって、後で説明する院内集会にも来てもらうことができたのです。

SNSで発信するときは匿名よりも、実名での発信の方が有効です。国や性別、年齢が分からない人が発信するよりも、バックグラウンドを明確にした方が、発信者の背景や状況を想像することができ、物語（ストーリー）が生まれます。そうすることで、発信者の主張に説得力が増すのです。

いつの時代も、人の心を動かすのはその人の個人的な物語（ストーリー）です。ロジックや数字は裏付けにはなりますが、相手の想像力をかきたてる、その人の物語が大事だと思います。（天野さん）

ポイント3――院内集会の開催

天野さんたちは子育て中の親たちを中心にツイッターで支持を集め、二〇一七年三月に永田町の議員会館で院内集会を開きます。第九章でも触れたように、議員会館には大小様々な会議室が複数あり、国会議員向けの勉強会を開催する場合などに国会議員が借りることができます。院内集会では、有識者によるパネルディスカッションを行い、未就学児を連れた親子一五〇人近くが参加しました。当日は与野党の国会議員が出席し、保育園不足の現状と課題、海外の事例などを立法当事者に伝えることができました。

なぜ院内集会が重要なのでしょうか。

市民団体が別の場所でイベントを開催してもなかなかメディアの取材は来てくれませんが、院内集会の場合は、国会に張り付いている記者が多いことから、メディアの取材が入る可能性が高くなるからです。この時も複数の新聞やネットメディアが取材に訪れ、世論喚起に一役買ってくれています。

院内集会は議員の勉強目的で開催するものなので、政策課題に共感してくれる議員がいる場合は、院内集会を開催できないか打診してみるのもいいかもしれません。院内集会を開催すると、開催場所を用意してくれた議員以外も参加してくれることがあります。実際に天野さんは院内集会に来た柚木道義議員（民進党）に声をかけられ、衆議院の厚生労働委員会で意見を述べる機会を得ることができました。

国会議員らを招待するには、議員のホームページの問い合わせページや、ＳＮＳのＤＭ機能などを使って連絡をするそうです。

本人から直接返事がくるなど、意外なこともあるんです。（天野さん）

ポイント4――解決策までしっかり伝える

院内集会の一週間後の二〇一七年三月一四日、天野さんは衆議院厚生労働委員会に参考人として呼ばれます。育休の期間を二年まで延長できるようにするなどを盛り込んだ育児・介護休業法の改正法案について審議されているときでした。

国会で発言するのは国会議員だけではありません。その分野の専門家や当事者を呼び、議論の対象となっている法案について意見を聴く「参考人質疑」が開かれることがあります。

これまでの活動を通じて、子育て環境の改善には、複合的なアプローチが必要だと考えていた天野さんは保育園の供給増加と男性の育休取得促進の必要性を訴えました。

ポイントは政府がやるべきことを明確に伝えたことです。

政策提案をするときは、課題を伝えるだけではなく、端的に解決策を提示することが重要です。それにより、官僚や政治家が①課題を認識し、②課題への解決策を考え、③その解決策が妥当か検討するステップのうち、少なくとも②の時間を短縮することができます。

もちろん官僚や政治家も政策提案を丸のみするわけではないですが、解決策のヒントを提示することで、政策実現までのタイムラインを短くすることが可能になります。

さらに、参考人質疑という、多くの国会議員がその内容に聞き入る絶好の機会で、解決策を具体的に提示できたことにより、徐々に男性の育休取得の実現に向けたモメンタム（勢い）が増していきます。

ポイント5——メディア、ＮＰＯ、経営者らとの協働

志を同じくする様々な分野のステークホルダーと協働することも、活動の推進力を増していくためには重要です。ポイント１の仲間づくりは、「子育て当事者」という、同じ立場の人たちの集団を構成することで、その主張に説得力を持たせるものでしたが、ポイント5は、様々な立場の人との重層的な連携の重要性を示すものです。

天野さんは、男性育休義務化の必要性を感じていたＮＰＯ法人フローレンスの駒崎弘樹さん、株式会社ワーク・ライフバランスの小室淑恵さんらとともに二〇一九年一月、「男性育休義務化プロジェクトチーム」を作ります（このチーム立ち上げは第九章で解説した中間組織の設立とは少し

違いますが、様々な団体が一緒になって一つの政策テーマについて声を上げるという意味で、仲間を作って政策実現をした事例といえます）。

駒崎さんや小室さんはこれまで数々の政策を動かしてきた実績があり、天野さんが持っていない経験や知識がありました。「経験者と議論することで、求めるべき政策が具体化されていった」と天野さんは振り返ります。二〇二〇年九月に『男性の育休』（ＰＨＰ研究所）という本を出版したのも、「議員に背景を理解してもらうために、分かりやすく問題を説明できる本があった方がいい」という駒崎さんの意見があったからです。本を一冊書くことはその分野の専門家であるというブランディングにもつながります。本がきっかけで政府会議に委員として呼ばれたり、政治家の勉強会に呼ばれたりすることもあります。

そのほか、男性育休の義務化に共感してくれたハフポスト日本版がアクションを起こすたびに記事を書いてくれたことも活動の広がりに貢献してくれたといいます。

いろんな立場のステークホルダーが繰り返しイシューを社会に提示することで、課題が多くの人に浸透し、社会全体の課題になっていきます。天野さんが政治家や官僚に働きかけるだけでなく、様々なセクターの人たちと協働したことも政策実現の大きな鍵といえるでしょう。

ポイント6——幅広い議員の支援

様々な立場の議員が動いたことが、この制度改正実現につながったことも触れておかなければいけません。

二〇一八年一〇月、以前から天野さんの活動に共感していた自民党の木村弥生衆議院議員につないでもらい、天野さんは自民党の和田義明衆議院議員に政策提案をする機会を得ます。「義務化は言葉が強すぎるのでは？」といった議論もある中、訪問に行くと和田議員は「男性育休は『義務化』と言わないとだめだと思う」と断言。和田議員と以前から男性育休に課題意識をもっていた松川るい参議院議員の働きかけで、二〇一九年六月、男性育休義務化議連立ち上げが実現し、首相に男性育休の推進に関する提言が提出されました。

そして、二〇二〇年三月に議連のメンバーが中心となった自民党プロジェクトチームが新たに作られ、出産時育休制度（通称「男性産休」）、企業から従業員への個別周知義務と環境整備などの提案（最終的に、二〇二一年の法改正の中身に入りました）もなされました。

これまで「女性活躍」など主語が「女性」となると、男性達はジェンダー平等問題として認識し、無意識に遠ざけてしまいがちでした。しかし、「男性育休」は「男性」が主語となっています。加えて、この問題について「男性議員」の口から「義務が必要だ」という意見が出たことは、大きな効果がありました。また衆・参両方の議員が賛同してくれたことで議員の活動に勢いが出たのだと思います。（天野さん）

衆参両方の議員の賛成や、イシューによっては男女議員それぞれの賛成が重要であることが、この事例から分かります。

ポイント7――政府内の議論に外から影響を与える

様々なステークホルダーの働きかけや議員の尽力もあり、二〇二〇年九月に男性育休の在り方を議論する厚労省の会議が開催されました。[19]

労働政策について議論する会議は、大学教授などの公益代表、企業サイドの使用者代表、そして労働者代表がそれぞれ委員として選ばれることが通例で、天野さんたちは委員には選ばれませんでした。とはいえ、委員に選ばれなくとも、外から影響を及ぼすことはできます。

この会議は複数回実施されたのですが、実は最初の頃の議論で暗雲が立ち込めていました。労働側、使用者側の双方の委員から、義務化に対して消極的な意見が出されたのです。[20]

事業主や労働者に取得義務を課すべきではな（い）……。（使用者代表、杉崎委員）

育児休業を取得するか否かは労働者の権利であって、事業主として何らかの取組を進めるということは考えられますが、強制力をもって一律に何かをするというのは、少しなじまない……。（労働者代表、山中委員）

政府会議は基本的に全会一致ですから、労使ともに義務化に消極的だと、男性育休義務化は実現されません。

このままでは男性育休義務化の実現が遠のいてしまう、そう危惧した天野さんたちは、会議のわずか三日後、緊急提言★（図表11・1）を出します。

提言の中で「男性の育休義務化」は個人に対する義務ではなく、企業に対して義務付けるものである、として義務化に賛成の姿勢を明確にしました。

できるだけ多くの人が納得してくれる政策になるように、様々な立場の代表者の意見を踏まえて最終的な政策をつくるための舞台装置が、政府会議です。それが実は多くの人にとって不満な内容だったとなると政権の支持率に影響します。

そのため、会議の委員に選ばれていなくても、外から声を上げ、違う視点からの意見を提言することには意味があります。政府会議で議論がおかしな方向に行ってしまいそうなときは、タイミングを外さず公に意見を発信する必要があります。

★　この提言書は、分かりやすい政策提案のテンプレートとして大いに参考になります。冒頭に提言の内容を持ってくること、簡潔に二枚で説明していること、賛同者が明確に記載されていること、参考データを最後につけることなど、政策提案を端的かつ効果的に行う工夫が随所にされています。

『男性育休義務化』 提言７つのポイント

① 企業の周知行動の報告義務化

- 男性の育休制度について、従業員に対して正しく周知することを企業の義務とする。

② 取得率に応じたペナルティやインセンティブの整備

- 企業が負担する社会保険料のうち、子育て拠出金の負担率を軽減させる。

③ 有価証券報告書に「男性育休取得率」を記載

- 男性の育児休業取得率を有価証券報告書に毎年記載することを企業の義務とする。

④ 育休1か月前申請を柔軟に

- 育休の申請は、現状、1か月前の申請が必要となっている。取得期間が8週間未満の場合、かつ、取得者が男性の場合には、出産予定日を育休開始日を仮決めした上で、出産後に実際の開始日を変更できるものとする。

⑤ 男性の産休を新設し、産休期間の給付金を実質100%へ

- 産後8週間の男性育休は「男の産休」とし、現行の給付率67%での不足分を補填し、手取り額が減らない実質100%の給付とする。また、給付金の上限額を34万円程度（現状は30万程度）まで引き上げる。

⑥ 半育休制度の柔軟な運用

- 現状では、休業期間中の就労（月10日以下、10日を超える場合は80時間以内）は、「一時的かつ臨時的」な場合しか認められていない。労使の合意のもと、定例会議のような定期的な会議への参加を可能とするなど、柔軟な運用ができるようにする。

⑦ 育児休業を有効に活用するための「父親学級」支援

- 従業員の子育てスキル補填のための「企業主導型父親学級」を整備する。実施企業への助成金制度や、えるぼし／くるみん認定の評価基準へ加点ポイントとする

参考データ

○産後うつのピークは産後2週間～1か月／産後1年間で死亡した妊産婦の**死因第1位は「自殺」**
○男性の育休取得が出生1年後の**家事育児に与える影響が優位**に
○「男性が育休を取得するに際の妥当な期間」と実際取得できる期間は乖離が激しくなっており、取得率だけでなく、**期間についても重点的な議論**が必要です。

※これらの参考データを含め男性産育休についてまとめています。
『男性の育休～家族・企業・経済はこう変わる』
PHP新書　小室淑恵／天野妙著

産後うつのピークは 産後2週間～1か月

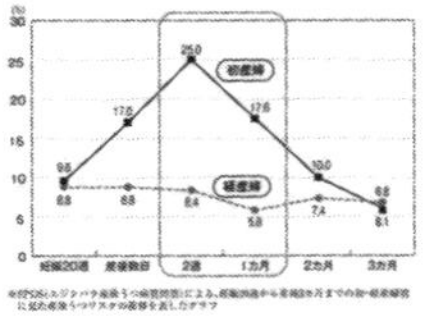

育休取得が出生1年後の 家事育児に与える影響

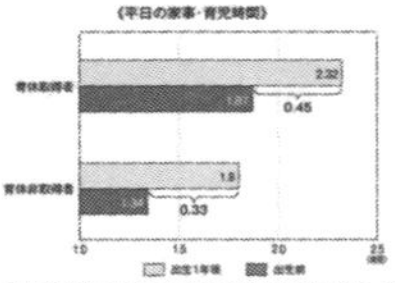

内閣府経済社会研究所「男性の育児休業取得が働き方、家事・育児参画、夫婦関係等に与える影響」レポートより

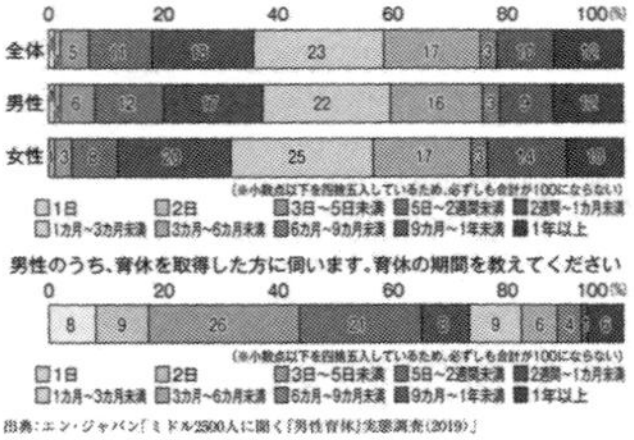

出典：エン・ジャパン「ミドル2500人に聞く『男性育休』実態調査(2019)」

出典：「男性育休義務化プロジェクトプレスリリース」
https://miraco-net.com/wp-content/uploads/2020/10/25644e51e7c1181ce867300f31b55442-1.pdf

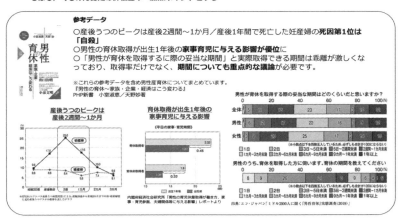

図表11・1　効果的な政策提案のための工夫をこらした提言書

報道関係者各位

2020年10月2日
男性育休義務化プロジェクトチーム

男性育休義務化に関する提言

『男性の**育休義務化**』に賛成します

2020年9月29日に実施された労働政策審議会雇用均等分科会において、男性の育児休業の議論が行われました。本件について「男性育休義務化」への反対意見が上がったとの報道を受け、民間団体で組成する男性育休義務化プロジェクトチームとして以下の提言を行います。

産後女性の死因の1位は自殺です。（厚生労働省研究班／国立成育医療センター研究所が2018年発表）
命にかかわる産後うつの予防・回復に男性育休は強力な選択肢ですが、育児介護休業法第五条において男性にも育休取得の権利があるにも関わらず事実上取得できない職場が大半で、現在2019年度厚生労働省から発表されている男性育休取得率はわずか7.48%です。

そこで、私たちは『**男性の育休義務化**』に賛成します。但し、**個人に対する義務ではなく、企業に対して義務付けるもの**と考えます。我々は近年それぞれの立場で、国の掲げた男性育休取得の促進施策「男性本人の意識への働きかけ」に協力してきましたが、個人への意識啓発では取得率向上に限界があることがわかりました。

本人にニーズがないのではありません。育休を希望する一般男性は7割以上といった一部の民間調査結果（エン・ジャパンやゼネラルリサーチ社調査）は、実際の取得率7%を大きく上回ります。本人にニーズがあるにもかかわらず取得できないのは、「職場」すなわち企業側に要因がある可能性があります。つまり、今、変わらなければならないのは政府および企業なのではないでしょうか。

日本の少子化は加速度的に進行しており、「企業への男性育休義務化」という施策によって**男性休育休の普及スピードを飛躍的に上げる効果**を期待し、我々は義務化を提唱しています。

日本商工会議所と東京商工会議所が2020年7月～8月、全国の中小企業6007社を対象に実施した「多様な人材の活躍に関する調査」によれば、**中小企業**の7割が「男性育休義務化」に反対しており、建設・運輸・介護・看護の業界において顕著との結果が報道されています。
しかし、これらの業界は命を守る最低限のラインである、**労働基準法36協定の上限が先送り**されており、現状の労働環境において既に負担が大きいことが伺えます。また、中小企業においても2020年4月より適用になったばかりで業務効率化を進める最中にあるため、このような結果になったと考えられます。

国の目標は、配偶者出産後8週間内の男性の休暇等取得率を80%、2025年までに男性育休取得率を30%ですが、このままでは達成は難しい状況です。

出産直後のサポート不足で起きる**産後うつ**など、産後に顕著な社会課題に対峙するには**特に「産後すぐの男性育休（男の産休）」**はいち早く実施すべきです。

我々は、**男性の産休を含めた育休促進議論をさらに深化し、男性の育休義務化を速やかに実施するよう、政府および厚生労働省に要望します。**

【男性育休義務化プロジェクトチーム（団体名50音順）】
スリール株式会社　代表取締役　堀江敦子
特定非営利活動法人ファザーリング･ジャパン　男性育休推進担当 理事　塚越学
認定NPO法人フローレンス　代表理事　駒崎弘樹
みらい子育て全国ネットワーク　代表　天野妙
株式会社ワーク・ライフバランス　代表取締役社長　小室淑恵

<本リリースに関するお問い合わせ先>
男性育休義務化プロジェクトチーム　事務局：otokonosankyu@gmail.com

法案の成立

このような一連の活動もあり、政府は二〇二一年二月二六日に、

- 男性版産休の制度化
- 育休制度の個別の周知と取得の意向確認を企業へ義務化

することを盛り込んだ法案を提出、与野党の賛成で二〇二一年六月三日に法案が成立しました。

天野さんはみずからを「村人Ｂ」と称し、ブログで「名もなき自分が法律を変えたり、作ったりすることに貢献できるとは・・・夢にも思いませんでした」と思いをつづっています。[21]

このように、有名人でなくても、大企業に勤めていなくても、良いアイデアと正しいアプローチがあれば政策は変えられるのです。

未婚ひとり親の所得税優遇実現

最後に取り上げる事例は、税制に関係します。具体的には、結婚せずに子どもを生んだシングルマザーやシングルファザー（ひとり親）のための税制改正を二〇二〇年度に実現した事例です。二〇二〇年度税制改正前も、離婚や死別を経験したひとり親には、「寡婦（夫）控除」が適用され、所得税を算定するベースの金額を特別に低くする仕組みがありましたが、一方で、婚姻歴のないひとり親（未婚のひとり親）はこのような税優遇の対象とはなっていませんでした。この不合理な制度が、民間団体の働きかけやその思いに共感した政治家の働きにより、未婚のひとり親であっても寡婦（夫）控除と同等の優遇を受けられるように変更されました。

この制度改正の裏側にはどのような動きがあったのでしょうか。長年、この制度改正を実現するために活動を行っていた、しんぐるまざあず・ふぉーらむ理事長の赤石千衣子さんのお話をベースに整理していきましょう。

ポイント１――政策が実現するまで気を抜かない

実は、未婚のひとり親については、以前から政策課題として認識されていました。二〇一三年九月に朝日新聞が行った調査によって、一九九〇年代後半から、未婚のひとり親に対しても離婚や死別を経験したひとり親と同じように保育料の減額を行う自治体があったことが明らかにされています[22]。

つまり、未婚のひとり親であることによる課題はいくつかの自治体では認識され、全国民に適用される「所得税」という政策ツールに先行して対応がとられていたのです。

朝日新聞の報道があった頃、国会での議決が必要となる税制上の寡婦（夫）控除による所得税優遇についても、制度を是正する動きがあり、二〇一四年度の与党税制改正大綱から、

寡婦控除については、家族のあり方にも関わる事柄であることや他の控除との関係にも留意しつつ、制度の趣旨も踏まえながら、所得税の諸控除のあり方の議論の中で検討を行う。

という文言が登場していました[23]。

税制改正は、その他の制度改正と比較しても、与党の影響力が強いという特徴があるので、年末に公表される与党の税制改正大綱に「検討」という言葉が入ることは、将来における税制改正に重要な意味を持つのです。

二〇一八年度の与党税制改正大綱（二〇一七年一二月公表）では、さらに踏み込み、

子どもの貧困に対応するため、婚姻によらないで生まれた子を持つひとり親に対する税制上の対応について、児童扶養手当の支給に当たって事実婚状態でないことを確認する制度等も参考にしつつ、平成31年度税制改正において検討し、結論を得る。

という文言になりました。[24]

役所や与党の資料は一言一句意味が込められています。その文言が政府の将来の政策の方向性をどれだけ縛るかに直結するからです。

二〇一八年度の記載では、結論を得る期限も明示しているので、税制改正が行われる機運は二〇一四年度と比較すると、明らかに強くなっていたといえるでしょう。

その後、二〇一九年の税制改正に向け、未婚のひとり親に対する寡婦（夫）控除が適用されるよう、厚労省からも税制改正要望が出されていました。[25] 厚労省としてもこの税制改正を進めようという姿勢が明らかであったといえます。

ところが二〇一八年一二月に公表された二〇一九年度の与党税制改正大綱[26]では、厚労省の要望[27]に応じ、住民税を非課税とする所得金額を、離婚等を経験したひとり親に合わせる税制改正[28]は認められたものの、未婚のひとり親について、寡婦（夫）控除と同様の所得税優遇は認められませんでした。
与党の税制改正大綱で前向きな記載がされ、厚労省からも税制改正要望が出されたことをうけ「安心してしまっていた」という赤石さん。与党・政府が前向きな状況であえて政治家や官僚に働きかけをする必要があるのかと考え「静観していた」そうです。対外的な発信としては、与党の税制改正大綱が公表される直前の一二月三日に記者会見を開き、未婚のひとり親を対象としたアンケートを公表した程度でした。

この赤石さんの経験から得られる教訓として、政策スケジュールを把握し、（政策が実現しそうでも）折に触れて政策が前に進んでいるかの確認を欠かしてはいけないということがあげられます。

税制をつくるスケジュールは以下のようになっています。

四・五月…………各省庁が次年度の税制の内容を考え始める
八月末……………各省庁が「税制改正要望」を財務省・総務省に提出
九月～一二月……財務省・総務省が各省の提案をヒアリングして、新たな税制とすべきか検討
一二月下旬………税制改正大綱の閣議決定

一月……………租税特別措置法案の国会提出
二月～三月………国会での審議
三月末…………租税特別措置法成立

次年度の税制改正の内容が固まるのは与党の税制改正大綱が公表される前年度の一二月であることは間違いないですが、その前には、政府内、与党内で様々な手続きが踏まれています。税制改正の議論は毎年度行われます。制度改正の提案は次から次にやってくるので、政策が実現していない限り毎年度、政策の優先順位が少しでも上がるよう提案活動を続ける必要があります。このケースでも、前年の税制改正が実らなかった時点で気持ちをきりかえ、次年度を見据えて、年の早いタイミングから活動を再開すべきだったといえそうです。税制だけでなく、骨太の方針も、予算も、法律も政策のスケジュールを把握しておくことはとても重要です。第八章や付録の記載をよく確認してください。

ポイント2——民間側の意見を集約するリーダーとなる

二〇二〇年度には未婚のひとり親のための所得税優遇を勝ち取りたい。そのために赤石さんは二〇一九年七月、ひとり親の当事者団体や支援団体を集めてシングルマザーサポート団体全国協議会を立ち上げました。自民党の木村弥生議員から全国組織を作った方が、政策を実現しやすい、というアドバイスを受けたためです。

「全国組織がなかったら、未婚のひとり親への寡婦（夫）控除拡大は実現しなかったかもしれない」と赤石さんはいいます。実は全国に仲間がいることは、官僚に対してだけではなく、政治家に対しても強いアピールになります。

つまり、政策提案をしてきた団体に、議員の地元に関係する人たちも参加していることをはっきりと打ち出すことで議員の関心を引き出す可能性が高まるのです。

赤石さんは、より多くの政治家の支援を得られるよう、

- 各団体から地元選出議員に要望を個別にしてもらう
- 議員会館で院内集会を開くことを知らせるチラシに共催の団体を県名とともにのせる
- 議員事務所への挨拶では、議員の選挙区周辺の関係者をつれていく

といった工夫をしていたそうです（図表11・2）。

ポイント3——明確な反対者を出さない

二〇一九年一一月に赤石さんが開催した院内集会には多くの議員が参加。その際、赤石さん

図表11・2　政治家にアピールするための工夫をこらしたチラシ

出典:シングルマザーサポート団体全国協議会HPより。
https://www.single-mama.com/topics_council/1105innaisyukai/

は、自民党の塩崎恭久議員から「反対する議員たちが、表立って反対しないようにすることが大事だ」とアドバイスを受けます。

未婚のひとり親を支援することで、「未婚での出産を奨励することにつながる」「伝統的な家族観が崩れる」という主張は以前から自民党内で根強くあります。[29] 赤石さんは伝統的家族観を支持するとされる自民党議員にも接触し、未婚のひとり親への支援をお願いしました。

また、自民党の稲田朋美議員など女性議員で組織される「女性議員飛躍の会」の活動により、男性議員にも未婚のひとり親支援の輪が広がりました。朝日新聞によると、与党内での税制改正議論が決着する一二月には一三二人もの自民党衆参議員が、未婚のひとり親に寡婦（夫）控除と同等の支援を行うことに賛同する署名を行ったとされています。[30] 自民党会派の女性議員の数は二〇二〇年四月時点で、衆参合わせて四〇人。[31] 女性議員だけではなく、多くの男性議員もこの問題を解決しようと動いてくれたことが分かります。

政策を実現するためには、強く賛成してくれる議員を増やすことも重要ですが、「強く反対する議員」を出さないことも大事なポイントの一つです。

ここまで何度も言及してきた通り、政策は与党の事前審査で了承を得なければ国会に提出されず、実現することができません。自民党の意思決定プロセスは全会一致が基本です。ただし、全会一致といっても、みんなが心から賛成していることが必要なわけではなく、賛成する議員が多く、反対者が少数であるような場合には、事前審査の責任者である与党幹部に「一任する（＝判断を預ける）」形で、全会一致したことにすることもあり、明確な反対者が勢力を広げないようにすることが重要なのです。

このように、赤石さんや国会議員による与党内の賛同者を増やし反対者を減らす活動の結果として、二〇二〇年度から所得金額が五〇〇万円以下の未婚のひとり親にも、寡婦（夫）控除と同等の所得税優遇が行われることが決定したのです。

ポイント4――政党のカラーに惑わされない

この政策が実現した大きな理由の一つは、自民党の木村弥生議員が、赤石さんの思いに共感し、政策実現のために動いてくれたことがあげられるでしょう。

木村議員と赤石さんが初めて会ったのはシングルマザーをテーマにした集会の場でした。それまで未婚のひとり親への支援に賛成する自民党議員にあまり会ったことがなかった赤石さんは「なんで自民党議員がこんなところにいるのだろう」と思ったそうですが、後日、自身の考えをまとめた著書を送付。木村議員は赤石さんのよき理解者となり、政策を実現する強力なサポーターとなってくれました。

それぞれの政党には、いろんな考えの議員が所属していて、必ずしもそのスタンスは一枚岩ではありません。「○○党の議員は子育て施策充実に関心がないはずだ」「○○党の議員だから国防の強化に関心が強いはずだ」と判断せずに、議員個人の関心事が何かにフォーカスすることが大切です。

また、党として、その課題解決に反対しているわけではなく、単に支持者からの声が届いていないため、その重要性を認識していないだけという可能性もあります。

今回の事例では、ひとりの与党議員が赤石さんの考えに共感したことで、与党内で支援の輪が広がり、最終的に政策実現につながりました。

「○○党はきっと力になってくれないだろう」と先入観をいだくのではなく、議員個人が関心を持ってくれるように心を砕くことが大事だということが分かります。

赤石さんは、自身の講演、議員の勉強会、院内集会などで国会議員と知り合った際には、著書や（政策提案に関係する）データを渡し、自身の考えを伝えていたとのことです。「寡婦控除の適用があるかどうかで、こどもの授業料減免や奨学金の給付額に最大で約五四万円の差が出ることを示すデータをつくったのは効果があった」と赤石さんは振り返ります。議員に皆さんの提案に関心を持ってもらうための一つのきっかけづくりとして有効な手法かもしれません。

付録　もっと学びたい人のために

ここまでの内容で、政策提案に最低限必要な知識は網羅されています。これ以降は、政策提案をするなかで、必要が出てきた際に参照してほしい内容をまとめています。

官僚組織の構造

官僚の役職は、民間の方にとってはなじみのないものが多いのではないでしょうか。課長、課長補佐、企画官、審議官など、役所には様々な役職があります。「企画官と課長補佐とどっちが偉いのだろう」「審議官、総括審議官、厚生労働審議官……どう違うのだろう」と悩んでしまうのは自然なことでしょう。

その背景には、役所特有の組織構造の分かりにくさがあります。

一般的な企業（メーカー）の場合、商品分野ごとの事業部門があり、人事部、総務部等の管理部門があり、会社の方針を立てる経営企画部があり、それらの上に社長を頂点に置く取締役会があるような場合が多いです。

役所も政策ごとに局があり、その下に課があるという意味では、民間に似たような部分もあるのですが、聞きなれない部署（統括官、大臣官房など）や役職（審議官・参事官・企画官など）もたくさんあり、混乱するのも無理はありません。

しかし、官僚機構は法令に基づくヒエラルキーと意思決定メカニズムがはっきりとしています。したがって、担当者の権限や担当部署の組織内における位置づけを大まかにでも理解しておくことは、政策提案の有効な働きかけにとって重要です。

以下、役所の構造を概観しつつ、なぜそのような構造になっているのかを見ていきます。

一般的な役所の構造

一般的な役所構造はこのようになっています（図表付録・1）。

政務三役と呼ばれる大臣、副大臣、政務官が意思決定構造の頂点に位置づけられています。基本的に、政務三役は国会議員から選ばれます。

図表付録・1　官僚機構のヒエラルキー

大臣
　副大臣
　　政務官
—ここまでが政治家—
　　　事務次官（事務方トップ）
　　　（＋省名）審議官（事務次官と同格。厚生労働省なら厚生労働審議官）
　　　　官房長（局長級。官房長になってから局長になる場合もある）
　　　　総括審議官（局長級）
—ここまでが絨毯部屋（省庁の中枢幹部）—
　　　　　　官房総務課長、会計課長、人事課長、政策課長、国際課長等（*）
—ここまでが官房機能—
　　　　局長・政策統括官
　　　　　大臣官房審議官
　　　　　部長
—ここまでが指定職（幹部職員）—
　　　　　　課長（○○局総務課長等、総括課長は他の課長より格上）
　　　　　　　室長・企画官
—ここまでが管理職—
　　　　　　　　課長補佐・専門官
　　　　　　　　　係長・主査
　　　　　　　　　　係員

インデントが下がると職位も下がると考えてください。
＊大臣官房の各課長は局長よりも職位は下ですが、
　役所全体をマネージする立場であるため、この図では上位に位置づけています。

官僚トップは事務次官ですが、同格の役職として省庁名を冠した審議官（例：厚生労働審議官）があります。

その下の役職が官房長、総括審議官です。後ほど説明しますが、省としての意思決定が必要な法律案などの場合は、省全体のバランスを見ている官房総務課長の了解を得た後に、これらの役職者の了承を得た上で、事務次官、政務官、副大臣、大臣の了解を得ていくことになります。

特定の分野の政策を担当するのは、各局の局長です。職位が下になるほど担当分野が細分化していきます。

官房の役割と機能

役所は大きく分けると、政策の中身や事業を担当する「原局」と、全体のバランスを見て省全体をコントロールする「官房」の二つに分かれます。特に、位置づけが分かりにくい「官房」がどのような機能を持っているかを中心に説明していきましょう。

「官房」の役割を簡単に言うと、組織内のリソースの配分、渉外の機能、そして各部署の業務のクオリティコントロールとガバナンスです。

企業の場合、会社全体の利益を考えて、どの部門を強化して、どの部門を縮小するか、あるいはどういう新規事業を開発するかについて、経営判断をすると思います。役所の場合は、省全体としての売上や利益のような概念があるわけではありません。したがって、売上に対する経費の比率が○%というような予算管理をすることは、なじみません。

また、介護保険はうまくいっているから、年金制度は多少うまくいかなくても、厚生労働省全体としての経営は問題ないとはなりません。なぜなら、制度ごとに、世の中のニーズがあり、ステークホルダーがいるので、各局のすべての政策がそれぞれうまくいっている必要があるからです。

各局は、担当する制度の改善を国会や関係者、メディアなどからも常に求められますので、それを解決しようと、新しい政策を打ち出します。そのため、各局は予算やマンパワーなどのリソースを常に拡大しようとします（真面目に担当の政策を進めようとすれば当然そうなります）。

確かに、どの制度も常に改善が必要でしょう。やった方がよい新しい政策もたくさんあるでしょう。しかし、役所のリソースには限界があります。予算もそうですし、マンパワーもそうです。さらに、法律改正も国会の審議時間が限られていますので、一つの役所が通常国会に提出して成立が見込める法案の数は一〇本に満たないのです。

国民の注目度が極めて高い政策や政府全体として優先度の高いものについては官邸主導のようにトップダウンの意思決定もありますが、役所は基本的にボトムアップの組織です。どの局も「この法案は必要だ」「この予算は必要だ」と主張する中で誰かが全体方針を基に優先順位をつけて、リソースの配分を決めないといけません。もちろん、最終的に決めるのは大臣ですが、大臣の手足となり調整する機能を持っているのが「官房」です。正式には「大臣官房」といいます。

では、どのような観点からリソースの配分を考えているかというと、外部との関係です。国会との関係で省内のバランスを取るのが官房総務課、財務省との関係で省内の予算のバランスを考えるのが官房会計課という具合です。

総務課と原課

原局と官房の関係と似たような構造が、一つひとつの局内にもあります。

局の中には総務課と原課（げんか）があります。端的にいうと、総務課はその局の政策全体をコントロールする機能をもち、原課は具体的な政策を担当している課を指します。

原課の中だけで意思決定できる政策（課長名での通知など）については、原課の課長の意思決定で実施できますが、他の課や局に影響を与えるような政策、省としての意思決定を行わなければいけない政策については、総務課の判断が必要になってきます。

例えば、厚生労働省には医薬・生活衛生局（二〇二二年当時。二〇二三年から医薬局）という部署がありました。局内には医薬品の流通に関する政策を考える医薬品審査管理課と医療機器に関する政策を担当する医療機器審査管理課が別々に存在しています。

医薬・生活衛生局では二〇一九年に、医薬品と医療機器などの承認プロセスを迅速化させるための法律改正を行いました。この法律改正の検討会をとりしきっていたのは、医薬・生活衛生局の総務課です。

医薬品の承認制度を変えるのであれば、医療機器の承認制度にも影響があるのは当然です。それぞれの原課だけでなく、局全体として政策のクオリティを保たなければいけない場合、総務課がその責任を負っているのです。複数ある原課の方向性がばらばらにならないよう、局として一体感のある政策をまとめ、局長の最終判断を仰ぐのが総務課の役目です。

そのため、原課に比べると総務課にはより経験が求められるため、総務課長は同じ局の原課の課長よりも経験のある職員が配置されることが一般的です。また、役所の政策の詳細を考える若手実働部隊である課長補佐、係長も同様に、より経験のある職員を総務課に置いています。

特に重要な国会対応

大臣官房の所掌事務には国会との連絡が含まれます。

省全体の国会対応の司令塔の役割を担っている大臣官房総務課は、省内の法案確認や国会で法案をスムーズに通すための調整を行っています。

内閣官房副長官（事務次官の中の事務次官と言われる全省庁の官僚のトップです）を務めた古川貞二

郎さんは著書『霞が関半生記』の中で、大臣官房総務課長時代の業務について、こう述べています。

与野党対決となるような重要法案は……なかなか委員会審議に下りていかない（※筆者注：法律を成立させるための議論が国会で始まらないということ）。……時間切れになっては困るから、与党国対と相談して提出順序などを考え、対決法案の審議促進を図らなくてはならないし、与野党への働きかけが要る。そういう戦略を練るわけだ。[1]

各局でいかに良い法律案を考えようと、その法律案が国会で審議・可決されなければ、意味がありません。民間企業でいうと、商品化にこぎつけられないということです。役所全体と国会等との関係を俯瞰して、進めたい政策が進むように地ならしをするのが大臣官房総務課の仕事なのです。

このように重要な業務を負っているので、原課と総務課の関係と同様、大臣官房総務課長をはじめとした大臣官房の課長は一般的に他の課長よりも経験・能力がある職員が配置されています。民間企業にも「総務部」という名前の部署はあると思いますが、役所の「官房総務課」は、名前は似ていても役割は随分と異なるのではないでしょうか。

組織と役職の二つの意味をもつ統括官

役所が新しい部署を設置するためには、一つ古い部署をなくすことが基本です。また役所全体の局の数も法律で決められています。需要に応じて新しい部署を民間企業のように作ることが難しいのが役所の特徴です。法律で局の数が制限されるなか、行政需要に対応するため活用されているのが、統括官という役職です。統括官は役職でありつつ、局に類似した組織そのものであるという特徴があります。

厚生労働省組織令でも「本省に……局並びに……統括官一人……を置く」とした規定があります。

組織と役職二つの意味がある不思議な名称が統括官なのです（同様に、課長の代わりに置かれるのが参事官、課長補佐の代わりが参事官補佐）。

ルールと現実のバランスを取るために、統括官や参事官が最近は増えていますが、基本的には「統括官＝局長（または局）」、「参事官＝課長（または課）」ととらえておけばよいと思います。

予算編成の具体的なプロセス

第八章で詳しく説明した骨太の方針は、通常六月に公表されて、その後の政策に大きな影響を与える重要な閣議決定文書ですが、ざっくりとした指針を示すものであり、それを具体化する予算、法律なども重要です。予算や法律にアプローチする際は、以下の説明を参考にしてください。

当初予算と補正予算

予算には大きく分けて当初予算と補正予算の二種類があります。

当初予算とは、四月から次の年の三月までの一年間（会計年度）で使われる予算の全体パッケージを指します。補正予算とは、会計年度途中に、緊急に必要となった場合などに追加の支出をするための予算です。二〇二〇年は過去に例を見ない新型コロナウイルス感染症の蔓延により、年度途中で様々な政策を新しく始めなければなりませんでした。そのため、三回も補正予算がつくられています。

以下の説明では、当初予算に絞って説明をしていきます。補正予算も基本的なプロセスは同じなので、まずは当初予算のプロセスをしっかり理解してください。

予算のスケジュール

予算をつくるスケジュールは以下のようになっています。

四・五月…………各省庁が次年度の予算の使い方を考え始める
六月……………骨太の方針・成長戦略が閣議決定
七月……………財務省が「概算要求基準」を作成
八月末…………各省庁が「予算概算要求」を財務省に提出
九月～一二月……財務省が各省の要求を査定
一二月上旬………経済財政諮問会議の議論を踏まえ「予算編成の基本方針」を閣議決定
一二月下旬………政府予算案の確定
一月……………予算案の国会提出
二月～三月………国会での審議
三月末…………予算成立

具体的にどんなことが政府内で行われるかについて、以下で詳しく説明します。

①　四・五月――各省庁が次年度の予算の使い方を考え始める

新しい年度が始まると同時に、各省庁が、次の年度に進めたい政策に必要な予算について検討をはじめます。

この検討はまず、それぞれの政策を担当する部局単位で行われ、その後に各局の予算要求を取りまとめる大臣官房会計課との間で大まかな予算の方針が固められます。具体的な予算額を固めるというよりは、提案したい予算の内容を精査する段階です。

② 六月――骨太の方針・成長戦略が閣議決定

例年六月に、骨太の方針と成長戦略が閣議決定されます。骨太の方針と成長戦略に入った政策は、その政策を担当する省庁に対して強い実行圧力がかかります。

そのため、各省庁では、四・五月に考えた予算案を、この骨太の方針と成長戦略の内容を踏まえた形に修正し、予算案の内容をさらに具体化します。

③ 七月――財務省が「概算要求基準」を作成

七月には財務省が概算要求基準を公表します。

概算要求基準を公表する理由は、一定の予算の枠を示し、各省庁が予算の要求をする段階で、予算が一定の基準に収まるようにするためです。

一定の基準とは、例えば、「年金・医療などの予算については、高齢化による予算増加を踏まえた範囲とすること」といったものです。医療費の増加の要因は高齢化だけでなく、医療技術の進歩もその一つですが、そのような医療の進歩により見込まれる医療費の増加分については、必要があればどこか別の部分を削るなど工夫して予算要求しなさい、ということです。

概算要求基準では、骨太の方針や成長戦略に記載されたような政策については、重点的に予算要求してよい、と付け加えられることもあります（骨太の方針や成長戦略への記載が重要な理由がここにあります）。

また、概算要求基準の公表に前後して、与党内の各省庁に対応した部会が各省庁に対し、予算要求についてのヒアリングを行います。与党議員はここで、各省庁が要求すべきと考える予算について意見を述べます。

④　八月末――各省庁が「予算概算要求」を財務省に提出

各省庁は、八月末、財務省に対して予算要求を行いますが、その前に、非常に重要なプロセスがあります。それは与党との合意を得る作業です。

七月の部会で与党に次年度予算についての意見を聞いたのち、各省庁は予算要求の内容を修正し議員の了解を得た上で、八月末までに再度部会で予算案を説明します。

省庁が新しい政策を実現しようとする際、幹部は提案した部下に対して、「その政策を担《かつ》いでくれる議員はいるのか」と聞くことがあります。「政策を担ぐ」とは、政策の実現を後押しするという意味です。官僚は政策をつくることはできますが、決めることはできません。決めるのは国会議員です。

だから、「政策（予算）を担いでもらう」ために七月から八月にかけて、各省庁は国会議員にその予算がなぜ必要かを一生懸命説明し、了解をもらうのです。予算の必要性を理解した国会議員は、通常九月から一〇月頃に開かれる臨時国会で、その予算に関係する質問をしたりすることで、後押しをしてくれます。

⑤　九月〜一二月——財務省が各省の要求を査定

九月以降、省庁内の議論から各省庁と財務省との交渉のフェーズへと移行します。財務省は、予算の必要性だけでなく、予算が目的通り活用されそうか、額が適正かなど様々な角度から指摘をし、各省はその指摘にこたえる形で折衝を繰り返します。

なお、骨太の方針と成長戦略で言及されることは財務省との交渉での重要なカードとなります。各省庁は予算を獲得するためには、その予算が必要で、かつ、効果的・効率的であることを財務省に理解してもらう必要があります。そのために各省庁の担当者は、予算要求提出後に様々な根拠を財務省の担当者に示します。その根拠の一つとして、「骨太の方針や成長戦略に記載がある政策を実現するために〇〇の予算が必要」という説明をすることがよくあります。

すでに政府全体で進める意思決定がされた政策を具体化する予算という位置づけなので、必要性が認められやすくなります。

⑥　一二月上旬──経済財政諮問会議の議論を踏まえ「予算編成の基本方針」を閣議決定

この基本方針は政府予算案をまとめるために、政権の基本的な理念や骨格を示すものです。

一二月の下旬には、政府は一月の通常国会に提出する政府予算案を閣議決定することになりますから、この基本方針が閣議決定された頃から、予算案をめぐる政府内の最後の攻防がスタートします。

この頃、与党議員は必要な予算を政府の予算案に反映させるため、活発に活動します。具体的には、

- 与党としての予算案である予算編成大綱の策定
- 党として特に重視する予算項目について、与党の部会による政府への申し入れ

が行われます。

これらの与党側の動きも踏まえ、各省の大臣は財務大臣に面会し、次年度の予算として認めることを確約されていない項目について、改めて大臣折衝を行うのです。

この折衝が終われば、政府内の調整はすべて終了し、閣議決定を迎えることになります。

⑦　一月以降——国会審議

閣議決定された政府予算案は、国会で議論されます。当初予算の場合は、一月に通常国会が始まってから、衆議院予算委員会→衆議院本会議→参議院予算委員会→参議院本会議の順番で、三月末まで議論が行われます。議論の大部分は予算委員会で行われ、そこで採決されれば、同じ日か、さほど日を置かずに本会議で採決されます。

また、予算については、衆議院が参議院に優越します。そのため、参議院が衆議院で議決した予算案をうけとった後、三〇日以内に議決しないときは、衆議院で議決した予算が成立することになります。

衆議院と参議院、それぞれの予算委員会での審議は次のような流れです。

- 全大臣が出席する基本的質疑
- 財務大臣と特に要求された大臣が出席する一般質疑
- 総理大臣、財務大臣、特に要求された大臣が出席する集中質疑
- 公聴会
- 分科会
- 全大臣が出席する締め括り質疑

・採決

それぞれの細かい意味を知っておく必要はありませんが、流れを把握しておくと、新聞記事などを見たときに、審議がどれぐらい進んでいるのかを理解することに役立ちます。

衆議院では二月～三月上旬、参議院では、三月上旬～三月末に議論されるのが目安です。

予算に影響を与えるタイミングとキーパーソン

予算を伴う政策づくりに着手するのは、早ければ早いほどいい、というのが原則です。なぜなら、時期が遅れれば遅れるほど、より上位の幹部の了解を得るプロセスに進んで予算の中身が具体化してしまい、新しい提案を受け入れる余地が少なくなってしまうからです。衆参で与党と野党がねじれを起こしている場合以外、政府予算案が国会に提出されたあと、修正が入ることはほとんどありません。

予算に影響を与えるには、一二月に政府予算案が閣議決定するまでに十分な働きかけが必要ということになります。以下、二つのタイミングに分けて説明していきましょう。

①　第一のタイミングとキーパーソン

タイミング――四月～六月

まず、各省庁で次年度の予算案を検討している段階が一つめのタイミングです。四、五月は各省庁において提案したい予算の内容を精査する段階と説明しましたが、この時期は、予算の額まで固まるわけではないものの、来年度の予算のイメージはすでに担当者の頭の中にあるタイミングです。遅くとも六月末までには、各省の会計課で取りまとめが行われますが、五月頃には予算担当の職員や担当課長との間で、具体的な予算内容やその額のすり合わせが行われているはずです。

そのため、来年度の予算に関わる政策については、四月上旬頃には、担当課が認識しておくことが重要です。特に、新しい内容を盛り込むのであればマストです。

実際、力のある中間組織は、この頃から、政治家や担当課の職員に対して、政策のアイデアを説明したり、省庁関係者を招いた勉強会を開催するなど、働きかけを強めています。

逆に七月以降に新しい項目を入れ込むとなるとかなり難易度が上がります。有力な政治家からの強い要望があるなどの特別な事情が必要になってきます。

キーパーソン――担当課長・与党政治家

政策の意思決定権者は一義的には担当課の課長です。ボトムアップの組織である役所において、上に提案していく政策を決める権限を持っている課長に、まずその予算の必要性を理解してもらうことが必要です。

課長は予算の意義だけではなく、特定の団体にだけ過度に有利な内容になっていないか、すでにある予算と重複がないかといったことをトータルで考えています。十分な理由がなければ、新しい予算の必要性を厳しく精査する財務省を説得できないからです。そのあたりの課長の考え方も理解することが政策づくりには重要です。

また、予算の優先順位を上げるためには、与党政治家のサポートも重要です。骨太の方針について解説した章で触れましたが、予算案を国会で可決するためには与党の同意が不可欠です。予算案に同意してもらうために役所側も彼らの意見には配慮します。与党政治家の後押しがあれば横並びの新規予算の候補の中で、優先順位を上げられる可能性があります。

②　第二のタイミングとキーパーソン

タイミング――一二月まで

概算要求の項目には入ったものの、財務省の査定により、政府予算案とする必要性が低いと判断された場合、この時期までにもう一押しが必要です。

例えば、要求していた予算の査定状況が芳しくない場合、与党の部会から、政府に対して申し入れをすると、一二月の大臣折衝を経て予算に組み入れられる可能性が出てきます。

この交渉は、

- 概算要求に政策提案した項目が組み入れられている
- 財務省による査定経過がおもわしくなく、まだ政府予算案として固まっていない

場合に有効です。

キーパーソン――与党政治家

この段階になると、官僚ができることは少なくなるので、与党の政治家に要望する必要が出てきますが、財務省の査定の状況はあまり外部に出てきません。

そのため、良好な関係を構築している政治家（四・五月の概算要求の段階から相談しているなど）に、一二月上旬の査定状況について確認し、もし必要であれば後押ししてもらうように依頼するのがいいでしょう。

法律制定・改正の具体的なプロセス

次に法律です。法律は強制的に国民の行動を変える強力な性質を持っており、それが変わると、人の生活やビジネス環境は大きく影響を受けます。

法律のスケジュール

①　四月頃――法改正の意思決定

法案作成は次の年の一月から始まる通常国会での成立を目指して、多くの省庁では前年の四月頃に法改正を行うかの意思決定を行います。その大きな理由の一つは夏の人事（幹部やキャリア官僚の大規模な人事異動は、通常国会が閉会した後の夏の時期）で適切な配置をしてもらうためです。

まず、法改正を行うには、追加の人員が必要です。通常業務に加えて法律の条文を作成したり、大量の参考資料を集めたりするからです。加えて優秀な職員の配置も必要です。なぜ法案を担当する部署に優秀な職員が配置されるのかというと、一つのミスが政策を遅らせることに直結するからです。

皆さんはこのニュースを覚えているでしょうか。二〇二一年の通常国会に提出された法案に大量のミスが見つかったという事件です。ミスの多くは形式的なものでしたが、こういったミスが見つかると、「ミスがあるような法律の審議には応じられない」と野党が審議拒否します。そうすると、法案の成立が遅くなります。

このように政策と関係のないところで国会が紛糾し、必要な法案が通らない、という事態が発生しないように、法改正を行う部署には優秀な職員を配置するのです。

また、法案作成業務はミスをしないだけでは務まりません。立場の異なる関係者の利害調整を経て一つの案にまとめていく必要があるので、政策をつくる能力に加えて、調整能力、説明力、交渉力などに長けた高い能力を持つ責任者が配置されます。

人事の検討はGW明けぐらいから本格化しますから、質・量ともに十分な人員を計画的に配置するためにも、法改正を行うかどうかは春頃には決めておかないといけません。

② 夏以降——法制局との議論

法案提出に関係する手続きは前年九月末に始まります。各省庁は、翌年一月から始まる通常国会に提出を予定している法律のうち、予算編成に関係する法律について、財務省に提出することになっています。

この法律を予算関連法案といいます（霞が関用語では「※法案（コメ法案）」）。一方、予算を必要としない法律を予算非関連法案と言います（「非※法案（ヒコメ法案）」）。

予算関連法案については、法律が成立しなければ次年度の予算の実施が不可能になることから、三月末までの国会での可決が必要とされます。ただし、四月から予算の執行が必ずスタートするわけではない予算関連法案については、四月に法案審議がずれ込む場合もあります。予算非関連法案の場合は、六月の国会会期末までに成立させればよいことになります。

この手続きと並行して、法案改正チーム（通称、「タコ部屋」）が、担当部局に作られます。利害関係者、各省、政治家との調整など、役所の幹部になるための経験を十分に積んだ優秀な課長補佐がリーダーとなり、その下に若手課長補佐や係長を作業部隊として配置します。法律案の規模や重要性にもよりますが、大きい法案では五～一〇人程度の体制が組まれます。

法案改正チームは政府会議の議論を踏まえつつ、内閣法制局とのやり取りを通じて法案の中身を固めていきます。

内閣法制局とは、憲法や他の法律との関係を踏まえて、憲法違反にならないか、他の法律と矛盾した内容にならないか、規定の内容が明確かなどの観点で、政府から出す法案の内容や条文の規定を審査する組織です。

議論が取りまとめられる段階では、概ね法案の骨格について内閣法制局の了解を得ている必要があります。その後、改正法案の条文の一字一句まで細かく精査して、国会への法案提出期限までに法律の内容を仕上げていきます。

③ 一～二月——与党での事前審査

本文ですでに述べた通り、国会に法案を提出する直前、与党内で事前審査というプロセスが行われます。自民党の意思決定は基本的に全会一致で、反対者がいる場合は次のステップ（部会→政調審議会→総務会）に進むことは困難です。

部会の場で反対意見が出ることをできるだけ避けるため、官僚側は法案に関心を持つであろう議員に対して事前の説明を幅広く行います。単に法案に反対しそうな議員に丁寧に説明し納得をしてもらう、ということのほか、「あの議員は事前の説明を受けているのに、私は説明を受けていない」という理由で部会の了承が得られないという事態が発生することを防ぐためです。

それでもなお反対者がいた場合には、部会長一任という手段がとられることがあります。部会長一任とはその法案の修正等について部会長に任せるという意思決定を指します。

二〇一九年の薬機法改正の際の与党プロセスを例にとります。

薬機法改正案について、厚生労働省は二〇一九年二月二七日に自民党の厚生労働部会に諮りましたが、法案の内容について一部の自民党議員から強硬な反対がでました。そのため、三月七日に改めて厚労部会にかけ、厚労部会長一任としたのです。

部会長は、反対が出た部分について修正を行うことで部会での議論をまとめ、修正された法案が次のステップの政調審議会（三月一四日）、総務会（三月一五日）で了承されています。

そして、事前審査を経た法案は国会に提出され、可決された場合に晴れて正式に法律となります。

なお、法案の内容は国会で可決・成立する前に確認することができます。

政府がつくる法律の場合、★

①　政府案を国会に提出
②　国会の多数決で可決成立

というプロセスが必要です。

衆議院、参議院ともに与党が過半数を占めている場合、ほとんど内容に修正が入ることなく、政府案が成立することが大半です。

つまり、①の段階の政府案を見ておくと、今後の政策の方向性を予測することができます。

金融庁の例を用いて説明します。省庁のトップページを開くと、「法令・指針等」と書かれたタブを見つけることができます。そのタブをクリックすると、「国会提出法案等」のリンクが

★　国会議員が作る議員立法もありますが、日本の法律の約９割は政府が提出しています。

あります。
そこで、可決された法案とともに、国会で審議される前の法案を確認することができます。例えば、二〇二一年六月一日時点の金融庁のＨＰに掲載されている「成立した法律」が、四月一日時点のＨＰですでに「提出した法律」として掲載されています（図表付録・２）。

このようなページには、法律の解釈に不慣れな人でも理解できるように（それでも難しいことには変わりありませんが）概要や説明資料が付いています。これらは、すべての改正事項が把握できるように作られた資料なので、法案の概要を知る上では役に立つでしょう。

事前に法律の内容を知っておくことはとても大切です。将来において施行される法律の内容を事前に知ることができれば、いち早く法律変更による市場や環境の変化への対応を検討することができます。また法改正があった後は、施行の前後でその法律の内容を実施するための予算をつけることがあります。先んじて法律の内容を理解していれば、省庁が予算の内容を考える前に、予算に盛り込むべき内容を事前に提案することも可能になります。

法案となり、役所のＨＰに公開される前にも、政府会議の議論を通じて、法律案の方向性を知ることができます。

基本的には政府会議の序盤で、官僚が運営する事務局が設定したテーマを踏まえた議論を行います。官僚としてもある程度の政策のイメージは持っていますが、それが必ず正しいとも限りません。そのため政府会議での議論、関係者の反応、世論の動向や国会議員の意見などを踏まえつつ、最終的な議論の取りまとめを行います。

政府会議での議論の結果は、特殊な事情のない限り、法案の内容に反映されるので、その運営の仕組みや意思決定について理解を深めることは、政策をつくっていくために重要です。

政府会議における法案の検討スケジュールの具体例を示します。

二〇一九年に成立した薬機法改正法案は、二〇一九年一月から始まる通常国会に提出される予定で政府会議での議論が進められていました。

図表付録・2　法律成立前に内容を知ることができる

国会提出法案（第204回国会）

提出した法律

» 新型コロナウイルス感染症等の影響による社会経済情勢の変化に対応して金融の機能の強化及び安定の確保を図るための銀行法等の一部を改正する法律案
（令和３年３月５日提出）

出典：金融庁「国会提出法案等」（2021年4月1日時点）をもとに作成。
https://warp.ndl.go.jp/info:ndljp/pid/11657369/www.fsa.go.jp/common/diet/index.html

国会提出法案（第204回国会）

成立した法律

» 新型コロナウイルス感染症等の影響による社会経済情勢の変化に対応して金融の機能の強化及び安定の確保を図るための銀行法等の一部を改正する法律案
（令和３年３月５日提出、令和３年５月19日成立）

出典：金融庁「国会提出法案等」（2021年6月1日時点）をもとに作成。
https://warp.ndl.go.jp/info:ndljp/pid/11678810/www.fsa.go.jp/common/diet/index.html

この場合のスケジュールは、二〇一八年四月頃に政府会議を立ち上げ、一二月頃に議論の取りまとめとなっており、約一年のプロセスでした。

二〇二一年に成立した医療法改正は、医師の働き方改革が主な内容ですが、二〇一七年八月に「医師の働き方改革に関する検討会」での議論がスタートして、後継の「医師の働き方改革の推進に関する検討会」で議論がまとまったのが、二〇二〇年一二月です。こちらは、足かけ三年半近くかかったので、かなり時間をかけたものといえます。

このように、法案の内容を検討する政府会議の期間は、法案の背景、スケジュール、内容、利害調整の複雑さなどによってまちまちです。

先ほど説明した二〇一九年の薬機法改正では、審議会等の議論をまとめた報告書が二〇一八年一二月に厚労省のＨＰに公開されています。[2] 法案の国会提出は、二〇一九年三月ですから、三か月前に法案の内容を知ることができるわけです。

法律のキーパーソンとタイミング

法律に政策のアイデアを反映させたいと考えるのならば、骨太の方針と成長戦略に法案の方向性を書き込んでもらうことをまず目指すべきですが、そのあとにもできることがあります。

① 政府会議の開催期間中

政府会議の実施については、新聞報道や役所のＨＰで情報をつかむことができます。議論のスケジュールを把握し、余裕をもって事前に政府会議の出席者に政策に対するアイデアを伝えておくことが重要です。

たいていの会議の場合、第一回目の資料に、議論する内容や今後のスケジュールが記載されています。まずは第一回目の資料を見てみましょう。

また、政府会議の開催中に提案した内容とは大きく違う方向性が示された時には、考えを同じくする人たちと連携してＳＮＳなどを活用して意見提起する方法もあります。

②　政府会議の開催期間後

政府会議の結論が出た後に政策の方向性を少しでも変えたい場合は、共鳴する与党議員の力を借りることで政策を変えることができるかもしれません。与党議員が事前審査の場である部会で強く反対をしてくれれば、政策そのものをナシにすることは難しいでしょうが、多少の方向性に影響を与えられる可能性はあります。

③　国会提出後

与党議員は国会に法案を提出した後は法案に反対の立場での質問をすることは難しくなります。舞台が国会にうつった後は、もっぱらその法案に反対の立場から野党議員が厳しく法案を精査します。法案の成立自体に反対しているという場合は野党議員と連携して、政策の問題点を指摘して政府に理解してもらう道を模索することになります。

政策人材を採用する

政策を民間からもつくるためには、政策のプロセスに精通した人材を獲得することも重要です。企業やＮＰＯの内部で政府渉外を育成することも大切ですが、政策立案は専門性が高いので、官僚経験者を採用し、組織としての政策提案能力を高めることも一つの選択肢となってきます。ただ、官僚と一口で言っても多種多様です。元官僚であっても政策渉外としての適性がない場合もあります。どのような人材が政策渉外としての素質を役所で磨いているのか、その判断基準をお伝えします。

履歴書だけでは分からない適性

人事院によると二〇一九年に在職年数一〇年未満で退職した人数は一三九人で、二〇一四年の六六人とくらべると倍増しました。[3] かつての同僚や後輩の中にも、霞が関を離れて民間企業から政策を実現したいという人も、最近は明らかに増えてきています。

元官僚たちの転職先は、コンサル、ＩＴ関係、担当していた行政分野の専門性を活かせる事業会社など様々ですが、官僚として政策をつくったり国会議員とコミュニケーションを取ったりしてきた経験を活かして、民間企業の政府渉外部門に転職する人もいます。

政策渉外とは、大企業や規制の強い業界では専門の部署が設けられていますが、いわゆるgovernment affairs、public affairsと呼ばれる政府機関とのコミュニケーションを専門とする人たちのことです。最近は、企業の政府渉外として活躍する元官僚の方がＳＮＳで発信する姿もよく見られるようになりました。

民間企業が役所と対等に政策の議論をするためには、政策の中身を知るだけでなく、政策の意思決定プロセスや官僚の考え方を把握することが必要です。役所で働いていた経験があれば、行政の情報を読み解くのも苦労はないでしょう。どこから働きかけると効果的かを感覚的に理解していることも多く、官僚や閣僚の発言の真意を読み解くこともできます。

霞が関には、民間企業から出向してくる方もたくさんいます。二年程度、中央官庁での業務を経験した後、所属企業に戻って政府渉外担当になる方も珍しくありません。こうした人材の流動化が進み、両方を経験する人材が増えることは、官民の情報格差やミス・コミュニケーションをなくし、官民で一緒に社会を良くするための必要なプロセスであるように感じます。

ただ、官庁勤務経験者が労働市場に大量にいるわけではないので、募集もそう簡単ではありません。それ以上に難しいのは、選考です。民間企業の採用担当は、官僚の経験のないことがほとんどですから、官僚時代の経歴を見ても、その人が政策渉外に向いているか判断できないはずです。

○○という企業でマーケティングをやっていました、人事を○年やっていました、という経歴を見たら、大体どんな経験をしてきて、どんなことができそうか、イメージが湧くでしょう。でも、官僚からの転職希望者の履歴書に、「○○法の改正業務」「○○プランの取りまとめ」「副大臣秘書官」「大使館勤務」などと書いてあっても、業務経験や能力を明確に理解するのは難しいはずです。

官僚からの転職者の経験と能力を把握するには、その人が経験してきた業務の内容を理解する必要があります。つまり、政府内での業務に関する背景事情を理解することが必要です。

制度改正の経験の有無

実は事務系総合職（いわゆる事務系キャリア）として採用されても、その人の能力、特性、あるいは人事の都合によって経験する業務は、大きく違います。企業でも、人事畑、法務畑など、経験豊富な業務領域を「畑」といいますが、霞が関も同様です。

経済畑（経済統計や白書の執筆など）、制度改正畑（制度の立案、関係者間の意見調整、法令作成など）、官房畑（省の政策を円滑に進めるための国会対策などの渉外や、省全体のクオリティコントロールなど）、予算畑（予算の作成や執行）ということもありますし、政策領域を指して、福祉畑、国際畑、子ども畑、労働畑等ということもあります。

大体職務経歴一〇年前後の三五歳ぐらいまでの職員であれば、「制度改正の経験の有無」が一つのメルクマールと考えられます。

なぜなら制度改正は政策が世に出るまでの一部始終を経験できる貴重な機会だからです。

本書でも繰り返し言及した通り、制度改正を実施することが決まってからのプロセスは、

（1）政策実現の変数を踏まえて、政府が課題解決の意思決定
（2）官僚が政策案を作成
（3）政府会議での意見集約
（4）与党部会での議論（事前審査制）
（5）国会での審議・採決・成立
（6）政策の実行

となっていますが、こういう表舞台以外にも、メディア対応や様々なステークホルダーとの

調整があります。制度改正の担当になると、このプロセスをすべて経験するので、法律知識、中間組織の意見調整、政治家との対話などの知見が身につきます。

これらの知見はそのまま、政策渉外として働く上で必要な能力に直結します。

役所の経験者を採用する際には、制度改正の経験について確認してみるとよいでしょう。特にある程度経験を積んだ職員（省庁にもよりますが、大体課長補佐以上）でないと任されない業務である、

- 中間組織間の意見調整
- 政治家への政策説明（通称、レク）

の経験があると、政策渉外としての仕事に大きくプラスになると思います。

技官と事務官の違い

技官（技術系総合職）と事務官（事務系総合職）もそれぞれ体得している能力に少し違いがあります。

事務官は、配属される部署に制限がなくゼネラリストとしてキャリアを積み、技官は専門性を活かして、特定の分野を異動してキャリアを積むのが一般的です。一般職の職員も局を限定して異動することが多いので、事務官よりは技官に異動のスタイルは近いです。

事務官は、技官と比較すると特定の分野に関する知識やネットワークには弱い傾向があります。例えば、医療保険制度を例にとると、制度の骨格は事務系キャリアが考えることが多いですが、薬価改定や診療報酬改定などの際の薬効、技術の評価に関わる専門的なものは、技官が主に検討しています。

特定業界の知識や人間関係の理解、学術的な知見について、事務官は技官に遠く及びません。仮にもし、診療報酬のスペシャリストを欲しているのであれば、技官を採用すべきでしょう。

では、事務官の強みは何かというと、薬学、医学など専門知識が必要な政策について、対外的にいつ、誰に、どうやって説明すれば、政策の実現可能性が高くなるかを整理する能力にあります。

事務官の強みは政府全体の意思決定や国会対応への知識です。制度改正も事務官が全体の指揮命令をとることが多いので、業務を通じて、政策を実現するための能力が付きやすい傾向があります。あくまで全体的な傾向の話ではありますが、技官は特定の分野や業界の知識や人間関係の理解、学術的な知見があるという強みがあり、事務官は特定の分野の政策に限らず、政策を実現するための論理構成、意見集約の戦略づくり、対外的な説明などに強みがあると言えるでしょう。

　こちらはあくまで経験する職務内容を踏まえた傾向の話です。技官でも政策実現のための戦略を立てる能力にたけている人もいますし、事務官でも特定政策の深い知見を持っている人もいます。そのあたりは、丁寧に本人から聞き取るなり、周りの評判を聞いてみるしかありません。

おわりに

この本は現場の実感を政策に反映させて、より良い社会をつくろうとしている様々な民間団体の人たちや、政策をより良い方向に導こうとしているメディア関係者、普段の仕事からは見えない政策の動きを知りたいと考える新人公務員たちをメインの読者として書きました。

官僚として働いていた私は、政策立案の知見があまりにも政府外の人に知られていないことに課題意識を感じていました。役所側は政策づくりのプロセスを隠してもいないのですが、政策とは縁の遠い仕事をしている人たちが理解するにはあまりにも専門的過ぎるのです。政策の仕事への理解が乏しいことが、官僚や政治家へのネガティブな理解にもつながっているようにも感じました。

政策に関わりの薄い人でも政策づくりを理解できる本がないかと探してみましたが、学術的に分析されたものが多く「じゃあ実際にどうすればいいのか」という問いに答えるものはありませんでした。

その課題を解決する一つの手段として始めたのが、現場の人たちの「こんな社会をつくりたい」を正しく政策につなげていくことを目指した、note の定期購読マガジン「政策人材のための教科書~現場の声を政策につなげるために~」です。そして、執筆した記事の内容を再構成しつつ、大幅に加筆修正して完成したのがこの本です。

政策に関わり始めた人、政策に関心のある人向けに、たとえ話や架空の例も含めて、できるだけ分かりやすく書きました。「厳密には違う、不正確な内容がある」という専門家の方のご指摘は甘んじてお受けしますが、対象読者やこの本の目的も踏まえて、ご容赦いただけると幸いです。

民間団体も、メディアも、官僚も、政治家も、それぞれが勝手に動くのでは、力を発揮できません。お互いを理解しあい、力を合わせることでより良い未来をより早く手繰り寄せることができる、と信じています。

少子高齢化、ブラック労働、過疎化、デジタル化の遅れなど日本に課題は山積しています。解決しなければいけないことは山ほどありますが、より多くの人が政策に関わり、「ちょっと変だな」と思う政策を変えようとすることで、日本は良くなるはずです。この本がその助けに少しでもなれば幸いです。

この本を執筆するにあたっては、多くの方の支援をいただきました。英治出版の平野貴裕さん、安村侑希子さんには、構成から筆致に至るまで様々なご助言をいただきました。千正組代表取締役、千正康裕さんには、noteでの執筆の機会をいただいたこと、社会を良くしていくための様々な取り組みを発案し、多くの人を巻き込み実践し続ける姿勢を見せていただいたことに深く感謝しております。また厚生労働省や政策コンサルタントとして関わった方々からの多くのアドバイス、インスピレーションなくして、この本は完成しませんでした。改めて御礼申し上げます。

付録

1　古川貞二郎『霞が関半生記　新装増訂版』(佐賀新聞社、2011年)

2　厚生労働省「厚生科学審議会(医薬品医療機器制度部会)」　https://www.mhlw.go.jp/stf/shingi/shingi-kousei_430263.html

3　人事院「総合職試験採用職員の退職状況に関する調査の結果について」(2022年5月25日)　https://www.jinji.go.jp/content/900006667.pdf

する提言(案)』についてのマイクロモビリティ推進協議会からのコメント」(2020年6月11日)　https://prtimes.jp/main/html/rd/p/000000038.000043250.html

14　警察庁「多様な交通主体の交通ルール等の在り方に関する有識者検討会第1回資料」(2020年7月2日)　https://www.npa.go.jp/bureau/traffic/council/mobility/0702-2.pdf

15　経済産業省「新たな規制の特例措置の整備に関する要望に対し回答がなされました～電動キックボードの走行場所の拡大～」(2020年8月4日)　https://www.meti.go.jp/policy/jigyou_saisei/kyousouryoku_kyouka/shinjigyo-kaitakuseidosuishin/press/210705_press.pdf

16　警察庁「多様な交通主体の交通ルール等の在り方に関する有識者検討会中間報告書概要(新たな交通ルールと今後の主な検討課題)」(2021年4月15日)　https://www.npa.go.jp/bureau/traffic/council/mobility/interim-houkoku-gaiyou.pdf

17　「成長戦略実行計画」(2021年6月18日)　https://www.cas.go.jp/jp/seisaku/seicho/pdf/ap2021.pdf

18　株式会社JX通信社「寄稿:国会議員とTwitter活用の現在」(2021年5月23日)　https://blog.twitter.com/ja_jp/topics/company/2021/house-twitter

19　厚生労働省「第30回労働政策審議会雇用環境・均等分科会」(2020年9月29日)　https://www.mhlw.go.jp/stf/newpage_13811.html

20　厚生労働省「第30回労働政策審議会雇用環境・均等分科会　議事録」(2020年9月29日)　https://www.mhlw.go.jp/content/11909500/000694746.pdf

21　リスペクトイーチアザー「【法律を変えた　村人Bの奇跡】」(2022年6月17日)　https://note.com/respecteachother/n/n37ccf5168e36

22　『朝日新聞』朝刊(2013年9月22日)

23　自由民主党・公明党「平成26年度税制改正大綱」(2013年12月12日)　https://storage.jimin.jp/pdf/zeisei2013/pdf128_1.pdf

24　自由民主党・公明党「平成30年度税制改正大綱」(2017年12月14日)　https://storage.jimin.jp/pdf/news/policy/136400_1.pdf

25　厚生労働省子ども家庭局家庭福祉課「平成31年度税制改正(租税特別措置)要望事項」　https://warp.da.ndl.go.jp/info:ndljp/pid/11344177/www.mof.go.jp/tax_policy/tax_reform/outline/fy2019/request/mhlw/31y_mhlw_k_01.pdf

26　自由民主党・公明党「平成31年度税制改正大綱」(2018年12月14日)　https://storage2.jimin.jp/pdf/news/policy/138664_1.pdf

27　厚生労働省「平成31年度地方税制改正(税負担軽減措置等)要望事項」　https://www.soumu.go.jp/main_content/000572332.pdf

28　総務省「地方税法等の一部を改正する法律の概要」　https://www.soumu.go.jp/main_content/000610947.pdf

29　「『伝統的な家族観崩れる』　寡婦控除で自公調整難航」『テレ朝news』(2018年12月13日)　https://news.tv-asahi.co.jp/news_politics/articles/000142987.html

30　秋山訓子「ひとり親控除の天王山　女性議員はカツ弁当食べて論戦へ」『朝日新聞』(2020年8月25日)　https://www.asahi.com/articles/ASN8S4RGDN70ULZU009.html

31　衆議院「会派名及び会派別所属議員数」(2020年6月1日時点)　https://warp.ndl.go.jp/info:ndljp/pid/11493938/www.shugiin.go.jp/internet/itdb_annai.nsf/html/statics/shiryo/kaiha_m.htm、参議院「会派別所属議員数一覧」(2020年5月1日時点)　https://warp.ndl.go.jp/info:ndljp/pid/11487964/www.sangiin.go.jp/japanese/joho1/kousei/giin/201/giinsu.htm

19 首相官邸「日本再興戦略 -JAPAN is BACK-」(2013年6月14日) https://www.kantei.go.jp/jp/singi/keizaisaisei/pdf/saikou_jpn.pdf

20 厚生労働省「第12回保険者による健診・保健指導等に関する検討会」(2014年4月18日) https://www.mhlw.go.jp/stf/shingi/0000044061.html

21 産業競争力会議(2013年3月29日)でも民間議員の意見としてそのような趣旨のことが述べられている。 https://www.kantei.go.jp/jp/singi/keizaisaisei/skkkaigi/dai5/siryou07.pdf

22 重症化予防(国保・後期広域)ワーキンググループ(第12回)資料1「厚生労働科学研究補助金『糖尿病性腎症重症化予防プログラムの効果検証と重症化予防のさらなる展開を目指した研究』の進捗状況について」(2019年6月17日) https://www.mhlw.go.jp/content/12401000/000524762.pdf

23 同上。

24 厚生労働省「糖尿病性腎症重症化予防プログラムについて」 https://www.mhlw.go.jp/file/04-Houdouhappyou-12401000-Hokenkyoku-Soumuka/0000122030.pdf

25 厚生労働省「糖尿病性腎症重症化予防に係る連携協定締結について」 https://www.mhlw.go.jp/file/04-Houdouhappyou-12401000-Hokenkyoku-Soumuka/0000117508.pdf

26 厚生労働省「重症化予防(国保・後期広域)ワーキンググループ(第13回)資料1　糖尿病性腎症重症化予防の最近の動向」(2020年2月5日) https://www.mhlw.go.jp/content/12401000/000598603.pdf

27 厚生労働省「令和5年度予算案(保険局関係)の主な事項」 https://www.mhlw.go.jp/wp/yosan/yosan/23syokanyosan/dl/gaiyo-14.pdf

第11章

1 国土交通省「自家用有償旅客運送の制度見直しについて」(2019年10月25日) https://www.mlit.go.jp/policy/shingikai/content/001314096.pdf

2 『朝日新聞』朝刊(2015年3月7日)

3 「国交省幹部が語る『Uberに行政指導を下した本当の理由』」NewsPicks(2015年3月10日) https://newspicks.com/news/866792/body/

4 同上。

5 第189回国会　衆議院予算委員会(2015年3月10日) https://kokkai.ndl.go.jp/#/detail?minId=118905273X00120150310&current=1

6 第189回国会　参議院国土交通委員会(2015年3月26日) https://kokkai.ndl.go.jp/#/detail?minId=118914319X00320150326&current=1

7 以下のLuupのプレスリリースなどを参照。 https://luup.sc/news/post-0002/, https://luup.sc/news/post-0012/, https://prtimes.jp/main/html/rd/p/000000008.000043250.html

8 マイクロモビリティ推進協議会「電動キックボード 新事業特例制度に基づく 実証実験について」(2020年9月8日) https://www.npa.go.jp/bureau/traffic/council/mobility/0908-3.pdf

9 「認定新技術等実証計画の内容の公表」 https://www.npsc.go.jp/policy/list/koutsuu/kouhyoubun.Luup.pdf

10 第198回国会　衆議院国土交通委員会(2019年5月10日) https://kokkai.ndl.go.jp/#/detail?minId=119804319X01020190510&current=1

11 国会会議録検索システム(https://kokkai.ndl.go.jp/#/?back)で「電動キックボード」を検索した結果。

12 三谷英弘議員のTwitter(現X)での投稿より。 https://twitter.com/mitani_h/status/1194994138157944836

13 株式会社Luup「自由民主党MaaS議員連盟マイクロモビリティPTの『電動キックボードの普及に向けた規制緩和等に関

go.jp/policy/chihou_renkei/kofukin/r03/pdf/hosei/suishin_kofu_kakuju.pdf

第10章

1 大田区議会「決算特別委員会」(2020年10月2日) http://www.gikai-ota-tokyo.jp/ota/cgi/voiweb.exe?ACT=200&KENSAKU=1&SORT=0&KTYP=1,2,3,0&FBKEY1=%8Aw%8DZ%8C%87%90%C8&FBMODE1=PERFECT&FBMODE2=SYNONYM&FBMODE3=SYNONYM&FBMODE4=SYNONYM&FBCHK=AND&KGTP=1,2,3&FYY=2020&FMM=01&TITL_SUBT=%97%DF%98a%81@%82Q%94N%81@%82X%8C%8E%81@%81@%8C%88%8EZ%93%C1%95%CA%88%CF%88%F5%89%EF%81%7C10%8C%8E02%93%FA-01%8D%86&KGNO=2026&FINO=3832&HUID=420755&UNID=k_R021002260119(大田区議会会議録検索システムより)

2 大田区議会「予算特別委員会」(2021年3月18日) http://www.gikai-ota-tokyo.jp/ota/cgi/voiweb.exe?ACT=200&KENSAKU=1&SORT=0&KTYP=1,2,3,0&FBKEY1=%8Aw%8DZ%82%CC%8C%87%90%C8&FBMODE1=PERFECT&FBMODE2=SYNONYM&FBMODE3=SYNONYM&FBMODE4=SYNONYM&FBCHK=AND&KGTP=1,2,3&FYY=2020&FMM=01&TITL_SUBT=%97%DF%98a%81@%82R%94N%81@%82R%8C%8E%81@%81@%97%5C%8EZ%93%C1%95%CA%88%CF%88%F5%89%EF%81%7C03%8C%8E18%93%FA-01%8D%86&KGNO=2075&FINO=3927&HUID=431976&UNID=k_R03031820013(大田区議会会議録検索システムより)

3 首相官邸「デジタル改革関係閣僚会議議事録」(2020年9月23日) https://www.kantei.go.jp/jp/singi/digital_kaikaku/dai1/gijiroku.pdf

4 文部科学省「学校が保護者等に求める押印の見直し及び学校・保護者等間における連絡手段のデジタル化の推進について(通知)」(2020年10月20日) https://www.mext.go.jp/content/20201019-mxt_zaimu-100002245-1.pdf

5 例えば、下関市では以下の通り。「令和4年予算編成について」(2021年9月) https://www.city.shimonoseki.lg.jp/uploaded/attachment/51261.pdf

6 下関市「第2次下関市総合計画後期基本計画実施計画」(2023年8月改定) https://www.city.shimonoseki.lg.jp/uploaded/life/99357_194438_misc.pdf

7 厚生労働省「支援対象児童等見守り強化事業について」 https://www.mhlw.go.jp/content/000807112.pdf

8 自由民主党大田区議団・無所属の回「各種団体との懇親会開催」(2021年7月28日) https://jimin-ota.com/1958/

9 自由民主党大田区議団・無所属の会「新型コロナウイルス感染症への対応について緊急要望書を提出しました。」(2021年8月12日) https://jimin-ota.com/2001/

10 榊原秀訓「首長と議会・議員の関係ー議会運営と政策力—」『住民と自治』(2016年5月号) https://www.jichiken.jp/article/0021/

11 東京都「東京都の財政」(2024年4月) https://www.zaimu.metro.tokyo.lg.jp/documents/d/zaimu/0604tozaisei

12 同上。

13 総務省「令和6年度 普通交付税の算定結果等」(2024年7月23日) https://www.soumu.go.jp/main_content/000958657.pdf

14 東京都「東京都の財政」(2024年4月)

15 東京都産業労働局「東京都中小企業者等月次支援給付金(4・5・6月分)」 https://www.sangyo-rodo.metro.tokyo.lg.jp/chushou/shoko/getsuji/4-6/index.html

16 東京都議会議員 小宮あんりオフィシャルウェブサイト「都議会自民党ヒアリング」(2019年8月23日) http://www.komiya-anri.com/2019/08/23/

17 呉市保険年金課「呉市国民健康保険保健事業の取り組み」(2017年10月) https://www.soumu.go.jp/main_content/000518778.pdf

18 第7回産業競争力会議 田村厚生労働大臣提出資料(2013年4月23日) https://www.kantei.go.jp/jp/singi/keizaisaisei/skkkaigi/dai7/siryou08.pdf

9　厚生労働省「イクメン企業アワード」　https://ikumen-project.mhlw.go.jp/company/list/

第４章

1　中島誠は、『立法学［新版］―序論・立法過程論』（法律文化社、2007年）において、立法の契機を（1）設定型問題と（2）発生型問題に分け、（2）発生型問題についてさらに（a）事件・事故・災害等の発生、（b）国会、（c）政府内部・与党、（d）利益団体、（e）判決、（f）外圧と整理しています。本書ではこの整理も参考にした分類としました。

2　民主党「Manifesto」　http://archive.dpj.or.jp/special/manifesto2009/pdf/manifesto_2009.pdf

3　「民主『マニフェスト実現は3割』　未達成は断念も検討」『朝日新聞DIGITAL』（2012年10月30日）　http://www.asahi.com/special/minshu/TKY201210290394.html

4　成長戦略会議「実行計画」（2020年12月1日）　https://www.cas.go.jp/jp/seisaku/seicho/pdf/jikkoukeikaku_set.pdf

5　厚生労働省「最近の薬務行政について」（2014年3月20日）　https://www.mhlw.go.jp/seisakunitsuite/bunya/kenkou_iryou/iyakuhin/topics/dl/tp140320-01-01.pdf

6　首相官邸「日本再興戦略-JAPAN is BACK」（2013年6月14日）　https://www.kantei.go.jp/jp/singi/keizaisaisei/pdf/saikou_jpn.pdf

第５章

1　人事院「総合職試験等からの新規採用職員に対するアンケート」（2023年）　https://www.jinji.go.jp/content/900006759.pdf

2　厚生労働省「育児・介護休業法の改正について」（2022年11月18日更新）　https://www.mhlw.go.jp/content/11900000/000851662.pdf

3　厚生労働省「【参考資料2】男性の育児休業取得促進等に関する参考資料集」（「第37回労働政策審議会雇用環境・均等分科会　配布資料」）（2021年1月27日）　https://www.mhlw.go.jp/content/11901000/000727936.pdf

4　労働政策審議会「男性の育児休業取得促進策等について（建議）」（2021年1月18日）　https://www.mhlw.go.jp/content/11901000/000727935.pdf

第６章

1　一般社団法人メディカル・フェムテック・コンソーシアム（MFC）「【活動報告】第1回薬機法ワーキンググループを開催しました（2021/06/15）」（2021年6月18日）　https://note.com/mfc0911/n/n68a56849876e

2　内閣府「経済財政運営と改革の基本方針2015　～経済再生なくして財政健全化なし～」（2015年6月30日）　https://www5.cao.go.jp/keizai-shimon/kaigi/cabinet/honebuto/2015/2015_basicpolicies_ja.pdf
内閣府「経済財政運営と改革の基本方針2016　～600兆円経済への道筋～」（2016年6月2日）　https://www5.cao.go.jp/keizai-shimon/kaigi/cabinet/honebuto/2016/2016_basicpolicies_ja.pdf

第７章

1　首相官邸「デジタル改革関係閣僚会議議事録」（2020年9月23日）　https://www.kantei.go.jp/jp/singi/digital_kaikaku/dai1/gijiroku.pdf

第９章

1　城真弓　松本千聖「マスク生活、子どもの発達に影響は?　いま大人が考えるべきこと」『朝日新聞DIGITAL』（2022年3月12日）　https://digital.asahi.com/articles/ASQ3C3PTYQ33DIFI001.html

2　内閣府男女共同参画局「令和3年度実施　地域女性活躍推進交付金（拡充）について」　https://www.gender.

注

はじめに

1　厚生労働省「『経血吸収ショーツ等に係る評価の観点について』及び『経血吸収ショーツ等に係る 広告表現の考え方について』について」（2021年10月21日）　https://www.pref.kumamoto.jp/uploaded/attachment/158333.pdf

序章

1　がん情報サービス「喫煙率」（2021年04月20日）　https://ganjoho.jp/reg_stat/statistics/stat/smoking/index.html

2　『全国たばこ新聞』p.2の左下（2022年8月25日）　https://zenkyou.xsrv.jp/wp-content/uploads/2022/08/%E5%85%A8%E5%9B%BD%E3%81%9F%E3%81%B0%E3%81%93%E6%96%B0%E8%81%9E2022%E5%B9%B49%E6%9C%88%E5%8F%B7.pdf

第1章

1　人事院「平成10年度　年次報告書」　https://warp.da.ndl.go.jp/info:ndljp/pid/11564893/www.jinji.go.jp/hakusho/h10/jine199901_2_040.html

2　千正康裕著『ブラック霞が関』（新潮新書、2020年）で詳しく解説されています。

3　内閣官房内閣人事局「在庁時間調査 取りまとめ結果」（2020年12月）　https://www.cas.go.jp/jp/gaiyou/jimu/jinjikyoku/w_lifebalance/dai19/sankou1.pdf

4　内閣人事局「国会対応業務に関する実態調査 結果」（2023年1月20日）　https://www.cas.go.jp/jp/gaiyou/jimu/jinjikyoku/files/r050120_chousa.pdf

5　独立行政法人労働政策研究・研修機構「図1-1　労働組合組織率、組合員数」（2023年3月17日更新）　https://www.jil.go.jp/kokunai/statistics/timeseries/html/g0701_01.html

6　荒牧央・村田ひろ子・吉澤千和子「45年で日本人はどう変わったか（2）～第10回『日本人の意識』調査から～」『放送研究と調査』（2019年6月号）　https://www.nhk.or.jp/bunken/research/yoron/pdf/20190601_6.pdf

第3章

1　厚生労働省「受動喫煙対策」　https://www.mhlw.go.jp/stf/seisakunitsuite/bunya/0000189195.html

2　厚生労働省・都道府県労働局「受動喫煙防止対策助成金の手引き」（2024年5月27日）　https://www.mhlw.go.jp/content/11200000/001100019.pdf

3　国土交通省「住宅ローン減税」　https://www.mlit.go.jp/jutakukentiku/house/jutakukentiku_house_tk2_000017.html

4　兵庫県警察「交通指導取締り計画」　https://www.police.pref.hyogo.lg.jp/traffic/violation/jyouho/index.htm

5　厚生労働省「新型コロナワクチンQ&A」　https://www.mhlw.go.jp/stf/seisakunitsuite/bunya/vaccine_qa.html

6　厚生労働省「『令和元年度雇用均等基本調査』結果を公表します～女性の管理職割合や育児休業取得率などに関する状況の公表～」（2020年7月31日）　https://www.mhlw.go.jp/toukei/list/dl/71-r01/06.pdf

7　厚生労働省「育児・介護休業法の改正について」（2022年11月18日更新）　https://www.mhlw.go.jp/content/11900000/000851662.pdf

8　厚生労働省「第5回『新型コロナ対策のための全国調査』からわかったことをお知らせします。」（2020年8月21日）　https://www.mhlw.go.jp/stf/newpage_13101.html

本書はnoteの定期購読マガジン「政策人材のための教科書～現場の声を政策につなげるために～」の記事を再構成し、大幅に加筆修正したものです。

著者

西川貴清

Takakiyo Nishikawa

1985年生まれ。早稲田大法学部卒業、ブリュッセル自由大学大学院、筑波大学大学院修了。博士（公衆衛生学）。全国紙記者を経て、2012年4月に厚生労働省に入省。9年の勤務後、2021年3月に内閣官房健康医療戦略室参事官補佐を最後に退官し、政策コンサルティング会社千正組取締役に就任。医療介護福祉労働分野を中心に、大手企業、外資、ベンチャー、民間団体、NPOなど幅広くコンサルティングを行う。厚生労働省時代は薬機法（旧薬事法）改正、医療保険法改正、医薬品の研究開発施策立案、福祉施策立案、海外ODA施策立案等に従事。記者、官僚を経た経験から、開かれた政策立案の必要性を感じ、政策コンサルティングを行うほか、ウェブ記事の執筆や講演なども行う。

現場から社会を動かす政策入門

どのように政策はつくられるのか、どうすれば変わるのか

発行日　2024 年 10 月 6 日　第 1 版　第 1 刷

著者　西川貴清（にしかわ・たかきよ）
発行人　高野達成
発行　英治出版株式会社
〒150-0022 東京都渋谷区恵比寿南 1-9-12 ピトレスクビル 4F
電話　03-5773-0193　　FAX　03-5773-0194
www.eijipress.co.jp
プロデューサー　平野貴裕
スタッフ　原田英治　藤竹賢一郎　山下智也　鈴木美穂　下田理　田中三枝
上村悠也　桑江リリー　石﨑優木　渡邉吏佐子　中西さおり
関紀子　齋藤さくら　荒金真美　廣畑達也　太田英里
装丁　竹内雄二
印刷・製本　中央精版印刷株式会社
校正　株式会社ヴェリタ

ISBN978-4-86276-334-1　C0036　Printed in Japan